평신도를 위한 쉬운 교리, 재미있는 교리

교리가 뭐죠?

제자훈련을 위한 쉽고 깊고, 재미있는 교재

고래가 뭐죠?

초판발행   2018년 4월 27일
지 은 이   강원식, 이상영, 최기상
교   정   오인옥
디 자 인   형옥녀

펴 낸 곳   글로벌제자훈련원
등 록 일   2008년 4월 15일
주   소   경기도 안양시 동안구 귀인로 301
전   화   031) 420-8521
전자우편   sjanews@naver.com
ISBN   979-11-85956-05-3 03230

평신도를 위한 쉬운 교리, 재미있는 교리

교리가 뭐죠?

강원식, 이상영, 최기상

글로벌제자훈련원

책을 내면서

"기독교 교리란 무엇인가?"
"신학생이나 목회자들에게도 어렵고 복잡하고 이해하기 힘든 교리가 신앙생활에 꼭 필요한 것인가?"

　신학생 때 교리에 관한 학문인 조직신학 과목을 수강하면서 스스로 수없이 했던 질문이었습니다. 목사가 된 후 성경을 연구하고 설교를 준비하면서 비로소 이 질문에 대답할 수 있었습니다. "그렇다. 기독교 교리는 신앙생활에 반드시 필요하다. 특별히 성경을 바르게 읽고 이해하는 데 교리가 아주 중요하다."

　"평신도들도 이 교리를 아는 것이 필요한가?" 저의 대답은 "매우 그렇다"입니다.

　"왜 어렵고 난해한 교리가 평신도에게도 필요한가?" 기독교 교리는 그리스도인들에게 있어서, 특히 성경을 건전하고 바르게 보게 하는 좋은 안경과 같은 것이기 때문입니다. 성경을 읽고 해석하고 이해하는 데 있어서 희미하고 잘 안 보이는 내용들을 잘 보이게 하고, 왜곡된 시각을 교정하여 하나님의 뜻에 어긋난 해석을 하거나 잘못 이해함으로써 오는 오류를 막아주는 좋은 안경과 같은 역할을 하는 것이 바로 교리라고 할 수 있습니다. '기독교 교리'라는 안경을 쓴 사람은 신천지 등 이단들의 성경 해석이 얼마나 터무니없는 것인지를 금방 알 수 있습니다. 그들이 하는 주장이 얼마나 성경에서 벗어난 엉터리인지 금방 알아차릴 수 있는 것입니다.

　그러나 기독교 교리는 신학교에서도 어려운 학문에 속합니다. 새중앙교회 해피투게더 편집부로부터 평신도가 읽을 수 있도록 교리를 쉽게 풀어서 써달라는 청탁을 받았을 때, 과연 그것이 가능할까, 무모한 일이 아닐까하는 생각이 들었습니다.

그러나 성경연구모임을 함께하고 있는 강원식 목사님, 이상영 목사님과 함께 이 무모한 도전을 시작하기로 하고 글을 쓰기 시작했습니다.

본 글은 1년여에 걸쳐 새중앙교회 『해피투게더』에 기고한 내용을 바탕으로 새로 엮은 것입니다. 기독교 교리 중에서 필수적인 내용만을 선별해서 신학을 공부하지 않은 평신도 입장에서 이해할 수 있도록 신학용어나 전문용어 사용을 최대한 자제하고 꼭 알아야 할 내용만을 간략하고 쉽게 쓰려고 많은 노력을 기울였습니다.

본 글은 벌코프 조직신학(루이스 벌코프 지음, 권수경, 이상원 옮김)을 전적으로 참고하였습니다. 특히 벌코프 조직신학에 소개된 다양한 이론 중에서 개혁 신학적 관점의 내용만을 취하여 쓴 글임을 밝혀 둡니다.

이 책이 나오기까지 많은 도움을 주신 새중앙신문사 모든 분들께 깊은 감사를 드립니다. 특히 마음으로 꼼꼼하게 교정을 보신 오인옥 집사님과 편집 디자인을 맡아 주신 형옥녀 사모님께 감사드립니다. 그리고 인쇄 제작에 도움을 주신 〈신원인쇄〉 김상선, 강영옥 사장님께 감사드립니다.

끝으로 이 책의 내용에 미흡하고 부족한 부분이 많음을 고백하지 않을 수 없습니다. 우리의 부족한 학식과 능력의 한계 때문입니다. 무모한 도전을 했다는 생각이 들기도 합니다. 그러나 누군가는 시작을 해야 할 일이라는 생각에 미약한 힘으로 도전을 했으니 앞으로 학식과 경험과 능력이 출중한 분들의 관심과 도전을 통해 이 책을 훨씬 능가하는, 평신도를 위한 좋은 교리 책들이 나오기를 기대합니다.

여기까지 우리를 사용해 주신 사랑하는 하나님께 모든 영광을 올립니다.

2018. 4. 27   최기상

추천의 글

최근 한국교회의 이단 문제는 심각한 상황을 넘어섰습니다. 교회가 아닌 사이비 집단들이 교회라는 간판을 내걸고 수많은 사람들을 미혹하고 있습니다. 따라서 진짜와 가짜를 구분할 수 있는 분별력이 그 어느 때보다 절실한데, 그 분별력은 정확한 교리를 알 때 가능해집니다. 이러한 필요에 부응하여, 평신도들이 신앙의 분별력을 가질 수 있도록 이번에 『쉬운 교리, 재미있는 교리』가 출간되었습니다. 신학교에서나 배울 수 있는 내용들을 체계적으로 간결하게 정리하여 독자들에게 바른 신앙의 길을 안내해 주니 참으로 감사한 일입니다. 많은 분들이 이 책을 통해 기독교 신앙의 본질을 배우고 익히시기를 기쁘게 권합니다.

김형태 목사(화천 창조교회)

평신도의 눈높이에 맞춘 교리서가 출간되어 기쁘게 생각합니다. 교리를 모르면 기독교를 모릅니다. 성경이 말하는 기독교, 사도들이 전하여 준 기독교 신앙에서 빗나간 신앙생활을 하는 원인은 교리를 모르기 때문입니다. 오늘날 기독교인들이 교리를 가까이 하지 않는 이유 중 하나가 교리는 어렵고, 지루하고, 분량이 너무 많다는 선입견에 있습니다. 심오하고 방대한 교리의 내용을 쉽고 간결하게, 그리고도 핵심내용을 놓치지 않고 잘 정리한다는 것은 결코 쉽지 않은 일인데 성도들이 쉽게 읽을 수 있는 책이 출간되어 너무 좋습니다. 이 교리서가 성도들로 하여금 성경의 진리를 바르게 이해하게 하고 올바른 믿음과 삶으로 인도해 줄 것을 기대합니다.

문병관 목사(혜민교회)

저는 매일의 삶을 『해피투게더』를 이용하여 큐티를 하며, 하나님의 말씀으로 인도함을 받으며, 적용을 통하여 영적 성장과 성숙을 경험하고 있습니다. 『해피투게더』에는 큐티 외에 통독가이드와 교리가 함께 실려 있어 개인의 바른 신앙을 세우기에 참으로 유익한 부분이 많습니다. 특히, 다른 큐티 책에서는 볼 수 없는 교리는, 눈에 보이지 않는 기둥과 같아서 개인 신앙의 훌륭한 길잡이라 할 수 있습니다. 매일의 큐티가 개인의 자기중심적 해석으로 흐르기 쉬운데 그것을 바르게 세워주는 역할을 『해피투게더』의 "기독교 교리"가 담당하고 있습니다. 『해피투게더』를 이용하여 큐티를 하는 성도이거나 아직 큐티를 하지 않는 성도들에게 이런 유익과 기쁨을 누리도록 항상 추천하고 있습니다. 이번에 『해피투게더』에 실렸던 교리가 단행본으로 묶여 나와 더욱 반갑고 좋습니다. 늘 곁에 두고 틈나는 대로 읽으면서 신앙의 기본을 튼튼히 해야겠습니다.

김재민 장로(수원은혜교회)

저는 큐티를 좋아하고 평범하게 신앙생활 하는 성도인 애기 엄마입니다. 『해피투게더』로 큐티를 하면서 큐티 조장과 찬양인도로 섬겼습니다. 저는 알기 쉽고 이해하기 쉬운 교리가 들어 있는 큐티책은 처음 봤어요. 교리를 보고 좋은 점은 신앙의 기초를 쌓게 되는 거예요. 일반 성도는 목사님 설교나 구역예배를 통해 이런 교리를 배우기가 어려운데 매일 한 가지 주제를 가지고 쉽게 설명하여 주어서 이해하기도 좋고 뭔가 신앙의 기초를 쌓는 느낌입니다. 또 간단한 문제로 내용을 체크할 수 있어서 좋아요. 추상적으로 느꼈던 교리를 말씀과 함께 보다 보니 성경말씀이 더 잘 이해되는 것 같아요.

이연경 집사(새중앙교회, 총신대학교 사회복지대학원)

저는 예전에 소요리문답을 배운 적이 있어서 이 책의 내용이 특별히 새롭다는 생각은 안 들지만 그동안 알고 있었던 것을 다시 한번 정리하고 확인하는 느낌이 들어 좋습니다. 또, 이 책은 성경에 나오는 용어 같은 것에 대해 구체적으로 설명을 하고 있어서 성경을 읽을 때에도 깊이 있고 바르게 보게 되는 것 같습니다. 알고 있었던 교리를 다시 되새길 수 있어서 좋고, 짧은 문제를 통해 핵심을 짚어 주니 좋은 것 같습니다. 제가 인도하는 큐티나눔방 식구들 중에 교회 나온 지 얼마 안 되는 성도는 이 교리가 너무 좋다고 이야기합니다. 신앙의 기초를 잡아 주니까요.

이춘애 권사(새중앙교회)

『해피투게더』로 오랫동안 큐티하며 말씀의 깊이와 은혜를 깨닫는 기쁨이 큽니다. 게다가 지난해부터 기독교 교리가 실려 있어 성경말씀을 체계적으로 세워가는 데에 도움이 됩니다. 요즘처럼 미혹하는 영과 이단으로 혼란스러운 때에 정확한 교리로 분명한 신앙을 세울 수 있기 때문입니다. 또한 성경말씀을 자기 마음대로 해석하는 오류를 범하지 않는 데에도 큰 도움이 됩니다.

말씀과 교리로 두 축을 이뤄, 그릇된 길로 가지 않도록 붙잡아 주고 든든히 설 수 있도록 주춧돌이 되어 준 교리가 단행본으로 묶여 나온다니 두 팔 벌려 환영합니다,

박현숙 집사(새중앙교회, 안양대학교 신학대학원)

헤이븐기독학교는 성경 말씀을 기초로 배움을 통해 하나님의 형상을 회복하고 더 나아가 하나님의 뜻을 발견하여, 세상에 하나님의 나라를 이루어가는 그리스도의 제자를 길러내는 학교입니다. 저희 학교에서는 5년 전부터 0교시 큐티 시간에 『비전큐티』로 큐티하고 있어요. 성경말씀을 중심으로 묵상을 하고 있지만 함께 실려 있는 교리도 유익한 것 같습니다. 학생들이 간혹 예정과 선택, 자유의지 등 이해하기 어렵고 설명하기 어려운 내용을 질문하는 경우가 있어요. 이런 질문에 대하여 지금도 도움은 되지만 좀더 쉬운 말로 표현해 주시면 좋을 것 같아요. 교리만 따로 묶어 책으로 나온다고 하니 기대가 되고, 학생들에게 얼른 소개해주고 싶네요.

기지은 (헤이븐기독학교 국어 교사)

목차

려워요, 삼위일체가 뭐죠? / 하나님의 작정이 뭐죠? / 또, 하나님의 예정은 뭐죠? / 하나님의 섭리가 뭐죠? / 우리에게 일어나는 모든 것이 하나님의 섭리라고요? / 우주만물은 어떻게 창조된 거죠? / 영적 세계가 뭐죠?

인간론이 뭐죠? / 인간은 무엇으로 구성되어 있나요? / 인간을 창조하신 목적이 뭐죠? / 인간은 어떤 존재로 창조된 거죠? / 하나님의 형상대로 창조되었다는 것이 무슨 뜻이죠? / 죄가 뭐죠? / 그러면 하나님이 죄를 조성하신 분이라는 말인가요? / 죄는 처음에 어떻게 시작된 것인가요? / 인간 속에 어떻게 죄가 들어 온 거죠? / 최초로 죄를 범한 사람은 누구죠? / 아담이 지은 죄가 우리와 무슨 상관이 있는 거죠? / 원죄는 알겠는데 자범죄는 뭐죠? / 하나님께 용서받을 수 없는 죄가 있나요? / 죄에 대한 형벌은 뭐죠? / 또 다른 죄에 대한 형벌은 뭐죠? / 행위언약이 뭐죠? / 구속언약이 뭐죠? / 은혜언약이 뭐죠? / 예수님을 왜 중보자라고 말하는 거죠?

기독론이 뭐죠? / '그리스도'는 무슨 뜻이죠? / 예수님이 하나님의 아들이라는 말이 무슨 뜻이죠? / 예수님은 완전한 하나님이시면서 인간이시라고요? / 예수님이 동정녀에게서 탄생하셔야 하는 이유가 뭐죠? / 예수님이 받으신 고난은 뭐죠? / 예수님의 죽음에는 어떤 의미가 있는 거죠? /

예수님의 부활에는 어떤 의미가 있는 거죠? / 예수님이 하나님 우편에서 무엇을 하고 계실까요? / 예수님의 재림은 무엇을 의미하나요? / 그리스도의 선지자직이 뭐죠? / 그리스도의 제사장직은 뭐죠? / 그리스도의 왕직은 뭐죠? / 예수님은 하나님 우편에 계시면서 무슨 사역을 하시죠? / 예수님께서 우주를 통치하신다고요? / 속죄는 누구의 계획인 거죠? / 십자가와 사랑과 공의는 무슨 관계가 있죠? / 왜 꼭 예수님이 죽으셔야 했나요? / 대리적 속죄가 무슨 뜻이죠? / 그리스도의 속죄는 인간에게 어떤 유익이 있는 거죠? / 제한속죄가 무슨 말이죠?

5장 구원론 / 101-119

구원론이 뭐죠? / 성령님은 어떤 분이시죠?/ 구원이 성령님을 통해서 이루어진다고요? / 성령님은 은사와 치유, 방언만을 주시는 분이신가요? / 구원에도 순서가 있다고요? / 중생이 뭐죠? / 효과적인 부르심이란 말이 무슨 뜻이죠? / 회심이 뭐죠? / 진정으로 회심한 사람은 어떤 모습일까요? / 믿음, 믿음 하는데 우리는 무엇을 믿는 거죠? / 진정한 믿음이란 어떤 믿음이죠? / 칭의라는 단어는 어떤 뜻을 담고 있죠? / 칭의가 뭐죠? / 거룩하다는 것이 뭐죠? / 성화가 뭐죠? / 성화와 중생, 칭의와 믿음은 무슨 관계가 있죠? / 성화의 열매가 뭐죠? / 성도의 견인이라는 말은 뭐죠?

6장 교회론 / 121-140

교회론이 뭐죠? / 교회가 건물을 뜻하는 것이 아닌가요? / 성경에서 교회를 뜻하는 말은 뭔가요? /

전투하는 교회와 승리의 교회가 뭐죠? / 교회를 어떻게 정의할 수 있을까요? / 하나님 나라와 교회는 무엇이 더 큰 개념일까요? / 구약시대에도 교회가 있었나요? / 신약시대의 교회는 어떠했나요? / 교회의 통일성이 뭐죠? / 교회의 지표가 뭐죠? / 교회를 통치하시는 분은 누구시죠? / 교회에는 무슨 권세가 있는 거죠? / 은혜의 방편이 뭐죠? / 성경은 무엇으로 구성되어 있나요? / 성례가 뭐죠? / 구원을 위해 성례가 꼭 필요한가요? / 세례의 본질이 뭔가요? / 성찬은 어떤 의미로 하는 건가요? / 누가 성찬에 참여할 수 있는거죠?

종말론이 뭐죠? / 육체적 죽음이 의미하는 것은 뭔가요? / 성도에게 죽음이란 뭔가요? / 영혼이 어떻게 영원한 거죠? / 의인과 악인이 죽으면 어디로 가나요? / 사람들은 부활에 대해 무엇이라고 말했나요? / 성경은 부활에 대해 어떻게 말씀하고 있나요? / 재림의 징조는 뭐죠? / 그리스도 재림의 시기를 알 수 있나요? / 과연 최후의 심판은 있을까요? / 최후의 심판을 받는 자는 누구일까요? / 성경은 천국과 지옥에 대해 어떻게 말하고 있나요?

용어 찾아 보기

제1장 서론

주의 말씀은 내 발의 등이요 내 길에 빛이니이다

시편 119:105

교리가 뭐죠?

몇 개월 전 진행되었던 제자훈련 큐티반에 어떤 권사님이 오셨습니다. 이 권사님은 평촌으로 이사를 와서 인덕원에 있는 교회를 다니기 시작했답니다. 매 주일 드리는 예배에서 목사님 말씀이 너무 좋아서 은혜를 많이 받았습니다. 구역예배도 좋고 구역식구들도 너무 잘해 주어서 교회에 정착하는 데는 어려움이 없었습니다. 그러던 어느 날 "엄마, 교회 주보 좀 카톡으로 찍어줘요"라고 딸로부터 문자가 왔습니다. 딸이 알아보니 이단교회였습니다.

이처럼 성도들이 이단을 구분하기는 쉽지 않습니다. 설교 말씀만 들어서는 이단인지 아닌지 구분하기가 더더욱 어렵습니다. 올바른 교리를 잘 모르기 때문입니다. 그렇기 때문에 평신도들도 바른 신앙생활을 위해서는 기본적인 교리를 반드시 알아야 합니다. 특히 이 **교리는 성경을 바르게 보는 기준점이 되기 때문에 꼭 필요합니다. 흔히 '조직신학' 또는 '교의학'이라고 하는 것은 교회의 근본적이고 변하지 않는 교리를 모아 놓은 것입니다.**

조직신학의 내용 구성은 〈서론-신론-인간론-기독론-구원론(성령론)-교회론-종말론〉으로 되어 있습니다. 서론은 종교가 무엇인지, 계시에는 어떤 것이 있는지를 설명하는, 말 그대로 책 전체의 서론에 해당합니다.

Q 성경을 바르게 보는 기준점은 무엇인가요?

Q 교회의 근본적이고 변하지 않는 교리를 모아 놓은 것은 무엇일까요?

성경에서 종교를 뭐라고 하죠?

종교에 대한 분명한 정의는 없습니다. 성경에도 종교에 관한 정의는 나오지 않습니다. 그렇지만 역사적으로 종교란 신들에 관한 지식과 관련되는 모든 것을 지속적이고 성실하게 지키는 것이라고 여겨왔습니다. 그리고 4세기경 락탄티우스는 종교를 "참되신 하나님을 알고 섬기는 올바른 방식"이라그 정의합니다. 또한 중세시대 토마스 아퀴나스는 종교를 "인간이 명령 받은 봉사와 존경을 하나님께 돌려드리는 수단인 덕"이라고 정의하였습니다.

성경에 비추어 볼 때 종교는 하나님과의 의식적이고 자발적인 영적교제로서 전체적인 삶에 나타나는 예배행위로 정의할 수 있습니다. 이 예배는 외적 예배와 내적 예배로 구분할 수 있습니다. 외적 예배가 하나님께서 받으실 만한, 말씀에 대한 인간의 순종의 행위라고 한다면, 내적 예배는 죄로 인해 타락하고 왜곡된 것들이 성령으로 회복된 마음의 성향입니다.

종교는 다음에 자리를 잡기 때문에 그 마음이 하나님께 향하게 됩니다. 마음은 지성, 감정 그리고 의지를 지배합니다.

Q 성경에서 말하는 종교는 구체적으로 무엇일까요?

하나님은 어떻게 알 수 있죠?

계시란 하나님께서 하나님 자신에 관한 지식과 진리를 우리 인간에게 알리시는 것을 말합니다. 우리 인간이 하나님을 알고 예배하고 섬기기 위해서는 하나님께서 자신을 우리에게 알리셔야 합니다. 왜냐하면 하나님은 우리 인간의 탐구로는 알 수도 없고, 접근할 수도 없으신 분이시기 때문입니다.

더군다나 우리 인간이 죄와 사망으로부터 구속을 받아 영원한 생명을 얻고 하나님과의 화평과 교제를 누리는 구원의 길은 하나님께서 계시하지 않으시면 우리 인간은 절대로 알 수 없고 그 복을 누릴 수도 없는 것입니다.

일반적으로 계시라는 개념은 하나님께서 자신과 관련된 신적 진리를 인간에게 알리시고 전달하시는 하나님의 행동을 가리킵니다. 성경에서 사용되는 용어들은 "밝힘, 알게 함, 알림" 등이 있습니다. 이것들은 시야를 가리는 덮개를 벗겨내는 것 또는 속에 있는 것을 보기 위하여 덮개를 제거하는 것을 의미합니다.

계시는 일반계시와 특별계시로 구분됩니다. 일반계시란 창조된 자연 현상을 통한 계시를, 반면 특별계시란 죄인인 인간들에게 그들을 죄와 사망에서 구원할 목적으로 전해진 계시를 말합니다. **일반계시와는 달리 특별계시는 오직 구원받은 영적인 사람들만이 깨달을 수 있습니다.**

Q 계시 중에서 특별계시는 누구를 위한 계시인가요?

일반계시가 뭐죠?

하나님의 계시는 일반계시와 특별계시로 구분합니다. **일반계시는 창조에 근거를 둔 것으로 인간의 마음의 구성과 우주의 창조 질서 그리고 하나님의 섭리 가운데 하나님 자신을 드러내시는 것입니다.**

일반계시는 특별계시와 달리 언어로 되어 있지 않고 사물로 인간에게 주어졌습니다. 인간은 일반계시인 자연을 통해 하나님과 하나님의 행하신 일을 알 수 있습니다. 즉 모든 인간은 일반계시인 자연에서 하나님의 창조의 손길을 발견할 수 있고, 역사 가운데서 하나님의 섭리를 발견할 수 있습니다.

일반계시에 대해 바울은 로마서에서 "창세로부터 그의 보이지 아니하는 것들 곧 그의 영원하신 능력과 신성이 그가 만드신 만물에 분명히 보여 알려졌나니…(롬 1:20)"라고 말씀합니다.

이와 같이 일반계시는 하나님을 알도록 모든 인간에게 주어졌습니다. 그러나 일반계시를 통해 알 수 있는 하나님에 대한 지식은, 영적이고 영원한 것들에 대한 정보로서는 불충분합니다. 또한 하나님의 최고 계시이신 그리스도와 그의 구속사역에 대해서는 전혀 알려주지 못합니다. 그러므로 하나님께서는 우리들에게 하나님을 확실히 알고 구원의 길을 알리시기 위해 특별계시를 주셨습니다.

Q 일반계시는 인간의 마음의 구성과 우주의 창조 질서 그리고 하나님의 섭리 가운데 무엇을 드러내시는 것입니까?

특별계시는 뭐죠?

특별계시인 성경은 하나님께서 자신을 알려주신 두 번째 방법입니다. 아담의 범죄로 인하여 타락한 모든 인간은 하나님에 대해 무지하게 되었습니다. 그러나 하나님께서는 죄인 된 인간이 하나님을 알고 창조의 목적대로 하나님과 친교를 이루며 살기를 바라셨습니다. 이를 위해 **하나님께서는 죄인들을 구속하시기 위한 특별계시를 주셨는데 그것이 성경입니다.**

Q 특별계시는 무엇인가요?

성경은 인간에게 하나님을 알려주기도 하지만 또한 죄인들을 위한 구속의 계획도 알려줍니다. 또한 성경을 통해 인간은 만물의 궁극적인 원인으로서의 하나님과 삼위일체 하나님, 성육신, 구속과 같은 신비에 관한 지식을 알 수 있습니다.

Q 하나님께서는 왜 우리에게 특별계시를 주셨나요?

특별계시인 성경은 선택한 백성들을 위한 하나님의 구속 계획이며 믿음으로 받아들여야 하는 하나님의 말씀입니다. 인간은 유한한 존재이기 때문에 성경을 통해서도 초월의 하나님을 완전하게 알 수는 없습니다. 다만 성경을 통해 계시된 만큼만 알 수 있습니다.

하나님은 선택한 백성에게 어떻게 자신을 알리셨죠?

일반계시가 하나님께서 모든 인간에게 창조세계를 통해 간접적으로 자신을 드러내신 것이라면, **특별계시는 선택한 백성들에게 하나님께서 직접 자신과 자신의 뜻을 알려주시는 것입니다.**

첫째 하나님께서는 직접 나타나셔서 계시하셨습니다. 구약에서 하나님께서는 직접 그룹들 사이에 거하셨으며 (시 80:1), 불과 연기 가운데 나타나셨고 (창 15:17), 때로는 여호와의 사자로 나타나셔서(창 16:7-13, 31:11-13) 인간에게 말씀하셨습니다. **신약에서는 성육신하신 예수 그리스도로, 보이는 하나님으로 우리에게 나타나셨습니다.** 그리고 예수님의 부활, 승천 후에는 지금도 성령으로 우리 가운데 계셔서 자신의 뜻을 이루어가고 계십니다.

둘째, 하나님께서는 선지자들에게 말씀하셨고 선지자들은 그 말씀을 백성들에게 전달하였습니다. 선지자들은 그 메시지를 '다바르 야훼' 곧 하나님의 말씀이라 불렀습니다.

셋째, 하나님께서는 여러 가지 기적들을 행하셨는데 이것 또한 하나님의 임재의 상징으로 특별계시입니다.

Q 특별계시란 선택한 백성들에게 하나님께서 무엇을 알려주시는 것입니까?

Q 신약에서 하나님께서는 보이는 하나님으로 누구를 나타내셨습니까?

하나님을 알 수 있는 유일한 책이 성경이라고요?

Q 인간이 하나님에 관한 지식과 그의 뜻을 알 수 있는 유일한 책은 무엇입니까?

성경은 택한 백성을 위하여 하나님께서 계시하신 모든 내용을 기록한 책으로 특별계시라고 말합니다. 우리는 계시를 통해서만 하나님을 알 수 있으므로 **성경은 인간이 하나님에 관한 지식과 그의 뜻을 알 수 있는 유일한 책입니다.**

하나님의 계시는 오랜 역사 가운데 주어졌으며, 다시 반복되지 않는 과거의 행동과 사건들로 이루어져 있습니다. 이 계시는 모든 시대와 상황과 민족을 초월하여 하나님의 영원한 진리를 담고 있습니다. 그러므로 하나님께서는 망각이 심한 인간들이 그것들을 잊어버리지 않고 기록하여 후손에게 물려주도록 성경을 허락하셨습니다.

기록된 하나님의 계시는 행동과 사건의 묘사로서 성경을 통해 우리에게 오는 것입니다. 그러므로 하나님께서는 성경을 오염과 오류로부터 지키기 위해 기록의 방법까지도 간섭하셨습니다.

종종 신학자들 중에는 성경을 하나님의 말씀과 인간적인 것들로 나누며 성경과 특별계시가 같은 것이 아니라는 주장을 펴는 사람들이 있습니다. 그러나 성경은 창세기부터 요한계시록까지 그 전체가 하나님의 감동으로 전혀 오류가 없게 기록되었습니다(딤후 3:16). 하나님의 감동으로 쓰인 성경은 그것이 주어질 때와 같이 지금도 그리고 영원토록 살아있는 하나님의 말씀입니다.

성경은 어떻게 기록되었죠?

하나님께서는 특별계시인 성경이 오류로부터 보호되도록 하시기 위해서 모든 성경을 하나님의 감동으로 기록하셨 습니다(딤후 3:16). 그럼에도 불구하고 사람들은 성령의 감동을 받아 기록된 성경에 대해서 영감(성령의 감동)의 성격과 범위에 따라 생각을 서로 달리합니다.

먼저 영감의 성격에 따라 저자가 기계적으로 받아 기록 하였다는 기계적 영감, 성령의 활동을 부인하고 저자의 사 상만을 강조한 동력적 영감, 그리고 하나님께서 저자들의 죄의 영향을 억누르시고 그들의 은사와 기질을 그대로 사 용하셔서 기록했다는 유기적 영감으로 나눕니다. 다음은 영감의 범위에 따라, 하나님으로부터 직접 받은 교리 부분 은 전반적으로 영감 된 것으로 보고 역사적 부분들은 영감 되지 않았다고 주장하는 부분 영감, 저자들의 사상이 신적 으로 영감 되었지만 언어는 저자가 자유롭게 선택한 것으 로 성경상 오류의 가능성을 주장하는 사상적 영감, 성경의 모든 언어가 성령의 영감으로 기록되었다고 주장하는 축 자적 영감(온전 영감)으로 나눕니다.

성경 전체가 무오한 말씀이며 하나님의 영감으로 기록 되었다는 **성경말씀에 비추어 볼 때, 성경은 유기적 영감과 축자적 영감에 의해서 기록된 것이 분명하며 우리는 이를 믿고 따릅니다.**

Q 성경말씀에 비추어 볼 때 성 경은 어떻게 기록되었습니까?

왜 성경이 신적 권위를 갖죠?

종교개혁 이전까지는 성경의 신적 권위가 모든 교회에 일반적으로 수용되고 있었습니다. 그러나 종교개혁 이후 개혁교회와 로마가톨릭교회는 성경의 신적 권위에 대하여 입장 차이를 드러냅니다.

Q 모든 부분의 저자가 성령님인 성경은 그 자체가 어떤 권위를 가지고 있습니까?

먼저 개혁교회는, 성경은 모든 부분의 저자가 성령님으로, 성경 그 자체가 절대적인 신적 권위를 가지고 있다고 주장합니다. 반면 로마가톨릭교회는 교회가 성경에 우선한다고 주장하며 성경의 절대적인 권위를 약화시켰습니다. 즉 로마가톨릭교회는 성경의 존재 여부가 교회에 의존되며, 교회에 의해 인정되고 보호받기 때문에 교회가 성경에 앞선다고 주장한 것입니다.

자유주의 신학은 신학의 바탕을 하나님의 말씀인 성경보다 과학과 철학에 두며, 성경 내용 중 초월을 부정하고 성경의 신적 권위를 부정합니다. 이들은 결국 유일신인 하나님을 부인하고 종교다원주의로 나아가 기독교를 변질시켰습니다. 그들을 통해 우리는 성경의 신적 권위를 인정하지 않는 결과가 무엇인지를 확실하게 보게 됩니다. 그리고 하나님께서 성경을 왜 성령의 감동으로 쓰시고 신적 권위를 부여하셨는지 깨닫게 됩니다.

성경은 우리에게 무엇을 제시하죠?

베드로는 "또 그 모든 편지에도 이런 일에 관하여 말하였으되 그 중에 알기 어려운 것이 더러 있으니 무식한 자들과 굳세지 못한 자들이 다른 성경과 같이 그것도 억지로 풀다가 스스로 멸망에 이르느니라(벧후 3:16)"라고 성경에 이해하기 어려운 것이 있다고 기록합니다.

로마가톨릭교회도 성경에는 애매한 부분이 많아서 신앙과 실천에 있어서 절대적인 해석이 필요하며 교회가 무오한 해석을 제공해야 한다고 주장합니다. 위와 같이 성경은 하나님의 말씀으로, 인간이 이해할 수 없는 부분이나 신비적인 부분이 많고 해석이 불가능한 부분도 있습니다.

개혁교회는 성경의 절대권위와 함께 성경의 명료성과 충족성을 믿고 따릅니다. 성경의 명료성은, 인간이 이성을 초월한 신비들까지 성경의 모든 내용을 명료하게 알 수 있다는 뜻이 아니라 구원의 길에 대한 명료성을 말합니다. 즉 **구원을 찾는 사람들이 성령의 인도를 따라 성경을 읽고 연구하면 구원의 길을 명료하게 알 수 있습니다. 구원의 길을 제시하는 데 있어서 성경 이외의 어떤 보충물이나 해석도 필요하지 않습니다. 오직 성경만으로 충분하고 완전합니다.**

Q 구원의 길을 명료하게 알 수 있는 방법은 무엇일까요?

Q 구원의 길을 제시하는 데 있어서 오직 무엇만으로 충분할까요?

제2장 신론

창세로부터 그의 보이지 아니하는 것들 곧 그의
영원하신 능력과 신성이 그가 만드신 만물에 분명히
보여 알려졌나니 그러므로 그들이 핑계하지 못할지니라

로마서 1:20

신론이 뭐죠?

교리는 특별계시인 성경말씀을 바르게 해석하는 기준점이 되기 때문에 중요하다고 볼 수 있습니다. 교리에서 서론 다음에 나오는 것은 신론입니다. 하나님의 존재를 먼저 알아야 하기 때문입니다.

신론에서는 하나님의 존재를 그의 성품과 사역으로 소개합니다. 하나님의 존재에 대해 이해하기 위해서는 두 가지가 전제되어야 합니다. 첫째는 하나님께서 존재하신다는 사실이고, 둘째는 하나님께서는 말씀으로 자신을 계시하신다는 사실입니다.

그렇다고 성경은 하나님의 존재를 증명하지 않습니다. 하나님께서 존재하신다고 선언할 뿐입니다. 창세기 1장 1절에서 "태초에 하나님이 천지를 창조하시니라"라고 하신 것처럼 하나님의 존재를 전제하면서 성경말씀은 시작합니다. 그렇다고 해서 성도가 하나님의 존재를 맹목적인 신앙으로 받아들이는 것은 아닙니다. 하나님의 말씀에 기초한 지식을 가지고 신앙을 가져야 합니다.

Q 신론이 다루는 중요한 주제는 무엇입니까?

신론은 하나님께서 계시하신 성경말씀에 근거하여 하나님의 속성과 사역 그리고 삼위일체, 예정과 섭리 등의 주제를 다루며 하나님의 존재를 설명합니다.

인간은 왜 하나님을 모른다고 핑계할 수 없죠?

하나님께서는 스스로 계시는 분이시며 자기 자신 안에 그분의 존재의 근거를 가지십니다. 또한 하나님의 존재는 독립적이며 모든 것을 자기 자신에게 의존하여 일하십니다. **유한한 인간이 직접적인 방법으로 하나님을 증명하는 것은 불가능한 일입니다.** 다만 인간은 하나님의 계시를 통해 부분적으로 하나님을 알 수 있습니다.

먼저 하나님께서는 자연과 양심, 세상의 통치 속에서 자신을 계시하십니다. 이것을 일반계시라고 합니다.

로마서 1장 20절에 "그의 영원하신 능력과 신성이 그 만드신 만물에 분명히 보여 알려졌나니 그러므로 저희가 핑계하지 못할지니라"라고 기록되어 있습니다. 특히 모든 인간은 자연과 우주의 질서를 통해 하나님께서 존재하신다는 사실을 알게 됩니다. 또 양심을 통해 하나님을 알 수 있습니다. 인간은 착한 일을 하면 마음이 편안하고 죄를 지으면 마음이 불안해집니다. 이것은 우리 인간이 절대자 앞에서 살아가고 있음을 간접적으로 보여줍니다.

Q 하나님의 존재를 인간의 방법으로 증명할 수 있나요?

Q 일반계시로 하나님을 알 수 있는 세 가지 방법은 무엇입니까?

성경에는 하나님이 어떤 분으로 나타나 있죠?

Q 하나님께서 어떤 분이신지 인간이 정확하게 알 수 있나요?

인간이 하나님을 완전하게 안다는 것은 불가능한 일입니다. 그러나 성경을 통해 드러난 하나님을 정리해보면 다음과 같습니다.

Q 하나님께서는 어떤 분이신지 다섯 가지로 정리해 보세요.

첫째, **하나님께서는 완전한 영이십니다.**

둘째, **하나님께서는 순결한 영이십니다**(요 4:24). 하나님께서는 거룩과 공의 등 하나님 안에서만 발견되어지는 완전함의 본체로서 순결한 영이십니다.

셋째, **하나님께서는 인격적이십니다.** 하나님께서는 영이시지만 인간과 교제하시며 말씀도 하시고, 시험과 고난 가운데서 보호하기도 하시는 인격적인 분이십니다.

넷째, **하나님께서는 무한히 완전하십니다.** 하나님께서는 모든 일과 성품에 한계나 제한이 없이 완전하십니다.

다섯째, **하나님께서는 스스로 존재하시는 분**으로 외부의 어떤 도움도 필요 없고 부족함이 없는 진리이며 생명 그 자체입니다.

성경에 나타난 하나님의 이름들이 뭐죠?

하나님의 이름들은 성경에서 여러 가지로 사용되고 있습니다. 그리고 그 이름들은 하나님 자신을 계시하고 있습니다. 비록 하나님의 이름들이 인간의 언어로 표현되지만 인간의 창작은 아닙니다. 그것은 하나님께서 자신의 이름을 스스로 알려 주셨기 때문입니다.

구약 성경의 이름들 중 **여호와(야훼)**는 히브리어 '지존하다'에서 유래한 것으로 스스로 계시는 하나님을 나타냅니다. **엘로힘**은 '초월의 하나님'으로 강한 권능의 하나님입니다. **아도나이**는 '주인'으로 전 인류의 소유자이시며 통치자이심을 드러내는 이름입니다.

Q 구약에 나타난 하나님의 이름들은 무엇입니까?

신약에서 **데오스**는 구약의 엘로힘을 뜻하는 전능자의 의미이며, **퀴리오스**는 구약의 아도나이를 대신한 이름으로 만물의 소유자, 주인을 상징하는 이름입니다.

Q 신약에 나타난 하나님의 이름들은 무엇입니까?

예수님께서는 하나님을 아버지라고 부르셨습니다. **아버지**는 삼위일체 하나님의 성부를 의미하기도 하고 하나님의 영적 자녀인 신자들과의 특별한 사랑의 관계를 의미합니다.

하나님의 지식에 한계가 있을까요?

Q 하나님의 지식이 인간의 지식과 다른 점은 무엇인가요?

하나님의 지식은 지식의 원형입니다. **그분의 지식은 인간의 지식과 같이 외부로부터 얻어지는 것이 아니라 스스로 영원한 생각 속에 존재하는 절대적이고 완전한 지식입니다.** 그러므로 하나님께서는 자기 자신과 우주 만물의 모든 것을 다 알고 계십니다. 이러한 하나님의 지식은 인간처럼 경험이나 추론으로 얻어지는 것이 아닙니다. 하나님의 지식은 하나님께서 스스로 가지고 계신 완전한 것으로 동시에 과거와 현재와 미래의 모든 일을 아는 것이 가능합니다. 그리고 그 하나님께서는 오늘도 그의 완전한 지식으로 우주 만물을 다스리고 계십니다.

Q 하나님의 지식은 나의 삶의 어느 부분까지 아시나요?

뿐만 아니라 **하나님의 완전한 지식은 인간의 개개인의 삶에 대해서도 모든 것을 알고 계십니다. 우리를 완전하게 아시는 하나님께서는 우리의 겉모습뿐만 아니라 마음 깊은 곳까지 감찰하실 수 있습니다.**

더 나아가 앞으로 펼쳐질 우리의 미래까지 다 아십니다. 궁극적으로 완전한 하나님의 지식은 하나님의 목적을 이루는 데 모든 것이 합력하여 선을 이루도록 사용됩니다. 그리고 그 지식은 우리들의 중심을 아시고 우리를 거룩하게 이끌어 가시는 데 완벽하게 적용됩니다.

하나님의 속성이라는 말이 뭐죠?

하나님께서는 그의 이름을 통해서도 자신을 알려주시지만 여러 가지 사역 중에서 그의 속성들을 통해 자신을 드러내십니다.

하나님의 속성은 크게 두 가지로 분류합니다. **첫 번째는 피조물에서 어떤 비유도 찾아 볼 수 없는 비공유적 속성입니다.** 비공유적 속성은 하나님만이 가지시는 고유한 특성입니다.

두 번째는 능력과 선과 자비와 같이 인간 정신의 특성들로 나타난 공유적 속성입니다. 즉 하나님의 비공유적 속성은 무한성, 영원성, 불변성이며, 공유적 속성은 존재와 지식, 거룩, 공의, 선함 등입니다. 공유적 속성이라 하더라도 하나님의 속성은 완전함이며 무한함이지만 인간이 가지는 선과 자비 등은 희미한 흔적에 불과합니다. 하나님께서는 그의 지식과 지혜, 선과 사랑, 은혜와 자비, 공의와 거룩함에 있어서 유일하시며, 불변하시며, 무한하십니다. 존재 또한 인간은 피조물이지만 하나님께서는 스스로 있는 자입니다. 인간은 하나님의 피조물로 하나님의 지배를 받으며 살아가지만 하나님께서는 완전 그 자체이십니다.

Q 하나님께서는 자신의 이름과 무엇을 통해 자신을 드러내십니까?

Q 하나님의 두 가지 속성이 무엇입니까?

하나님께서 공간을 초월하신다고요?

Q 하나님의 무한성은 그의 행함과 능력에 있어서 무엇이 없다는 뜻인가요?

하나님의 무한성은 하나님께서 모든 제한으로부터 자유하시다는 것을 나타냅니다.

하나님께서는 신체가 없으신 분이십니다. 그러므로 하나님의 무한성도 외형적인 어떤 것으로 생각해서는 안 됩니다. 즉 하나님의 무한성은 끝이 없다거나 한계가 없다는 유한의 언어로는 다 설명하기 힘듭니다. 하나님의 무한성은 하나님에 의해서만 이해되어지는 하나님의 속성이며 인간의 눈에는 신비입니다.

무한의 하나님께서는 오늘도 어떠한 제한도 받지 않으시고 자유롭게 온 우주 만물을 자신의 뜻대로 다스리시며 움직여 가십니다. **이 무한성에는 제한이 없으므로 하나님께서는 공간을 초월하여 전 우주에 동시에 계실 수도 있습니다. 이를 하나님의 편재성이라 합니다.** 또한 그 무한의 하나님께서는 시간을 초월하십니다. 즉 무한의 하나님께서는 과거와 현재, 미래를 동시에 보실 수도 있다는 말입니다. 그 무한의 하나님께서는 지금도 우리의 삶과 죽음과 부활까지 한눈에 보고 계십니다.

Q 하나님의 편재성이란 어떤 의미인가요?

하나님께서 시간도 초월하신다고요?

하나님의 영원성은 시간에 연관되어 있는 하나님의 무한성입니다. 즉 시간의 한계들을 초월하신다는 의미입니다. 하나님께서는 시간을 만드신 분으로, 시간을 초월하시는 것은 너무도 당연한 사실입니다. 시간의 한계를 초월한다는 것은, 우리들의 삶은 과거와 현재, 미래로 구분되지만 하나님께서는 그러한 구분이 없이 모든 시간 위에 연속으로 영원히 계심을 의미합니다. 그러므로 하나님께서는 과거와 현재, 미래를 한눈에 보실 수 있고, 해를 멈추기도 하시며, 천 년을 하루같이 그리고 하루를 천 년같이 다스리실 수 있습니다.

가끔 성경에서는 영원하신 하나님께서 현재와 과거의 시간 속에서 행동하시는 것처럼 묘사됩니다. 그러나 그것은 초월의 하나님께서 인간의 수준에 맞추기 위한 배려일 뿐 하나님께서 시간에 제한을 받으시는 분이라는 뜻은 아닙니다. 특히 하나님의 영원성은 작정과 예정을 이해하는 데 큰 도움이 됩니다. 모든 시간 위에 연속적으로 계시는 하나님께서는 우리 구원도 한눈에 보고 계십니다. 그러므로 **우리의 구원은, 영원하고 불변하신 하나님으로인해 완전한 것입니다.**

Q 하나님의 영원성은 무엇을 초월하신다는 의미인가요?

Q 하나님의 한 번의 구원이 완전한 것은 하나님의 어떤 속성 때문일까요?

하나님도 변하실 수 있을까요?

하나님의 불변성은 그의 모든 계획과 목적, 약속은 물론 자신의 존재와 완전성에 있어서 변함없이 영원하시다는 것입니다. 변함이 없다는 의미를 아무런 움직임도 없는 정지된 상태로 이해해서는 안 됩니다. 하나님께서는 지금도 우리와 함께 계십니다.

성경에서 하나님께서는 인간처럼 후회도 하시고, 의도를 변경하기도 하시고, 회개하는 죄인에 대하여 관계를 변경하시기도 합니다. 또한 하나님께서는 니느웨 사람들에게 내렸던 재앙을 거두기도 하시고, 노아시대 때는 사람을 만드신 것에 대해 한탄하기도 하십니다. **이런 성경의 내용에서, '하나님께서는 자주 변하시는 분이실까' 하는 의문을 갖게 되는데 사실은 그렇지 않습니다. 성경에 나와 있는 이러한 표현들은 불변하신 하나님께서 피조물의 세계에 개입하셔서 피조물의 수준에 맞추기 위한 것입니다.** 하나님께서는 결코 감정이 변하거나 후회하거나 한탄하시는 분이 아닙니다. **하나님께서는 완전하신 분으로 인간의 상황이나 요구에 의해 계획과 뜻을 바꾸시는 분이 아닙니다.**

Q 성경에서는 하나님께서 마치 감정도 변하고 계획도 바꾸시는 분인 것처럼 표현됩니다. 그 이유가 무엇일까요?

Q 하나님의 목적과 계획이 인간의 상황에 따라 변할 수 있습니까?

하나님의 '공의'의 내용은 뭐죠?

하나님의 공의는 두 가지로 구분하여 생각해 볼 수 있습니다. 첫째는 하나님만이 가지시는 정직으로서 절대적인 의로움입니다. 둘째는 하나님께서 자신의 거룩함을 방해하는 모든 것으로부터 자신을 지키시며 자신이 거룩하다는 사실을 보여주시는 상대적인 의로움입니다.

의로움에 해당하는 히브리어는 '차디크'로 그 뜻은 '표준에 대한 순응'입니다.

하나님께서는 자신의 거룩함을 유지하기 위해 거룩의 표준으로 인간에게 공의로운 법을 주셨습니다. 그 법에 순종하는 자에게는 상을 약속하셨고 불순종하는 자에게는 형벌을 약속하셨습니다. 이것이 인간에 대한 하나님의 통치적 공의입니다. 불행하게도 인간은 하나님의 법에 불순종함으로 벌을 받게 되었습니다. 그러나 **예수님께서 십자가에서 그 벌을 대신 받으시고 하나님의 공의를 만족시키셨습니다.** 그러므로 예수님을 믿는 자들은 하나님 앞에서 의로운 자라고 칭함을 받게 되는 것입니다.

Q 하나님께서는 인간에게 공의로운 법을 주셨는데 그 법에 순종하는 자와 불순종하는 자에게 각각 무엇을 약속하셨습니까?

Q 하나님의 공의를 만족하도록 우리를 대신하여 벌을 받으신 분이 누구십니까?

하나님의 사랑이 얼마나 놀라운지 아시나요?

하나님의 사랑은 선한 자신을 피조물들에게 드러내시는 방법 중 하나입니다. 하나님께서는 절대적으로 완전하고 풍족하셔서 기쁨이나 만족을 위해 인간을 필요로 하지 않으십니다. 그럼에도 불구하고 **하나님께서는 자기의 형상대로 창조하신 피조물인 인간을 사랑하십니다. 그것은 그들 속에 하나님 자신의 뜻과 계획 그리고 자신의 형상이 담겨있기 때문입니다.** 하나님께서는 그들이 죄인일지라도 그들 안에 자신의 형상이 담겨있음을 알기에 사랑하시며 심지어 그들이 하나님을 버리고 우상을 섬기는 악한 자들일지라도 그분의 사랑을 거두지 않으십니다.

Q 하나님께서 피조물인 인간을 사랑하시는 이유는 무엇입니까?

하나님의 영적인 자녀인 신자들을 향한 하나님의 사랑은 특별합니다. **하나님의 그 특별한 사랑은 날마다 자신의 모든 은혜와 자비의 충만함으로 완전하며 풍족하게 베푸십니다.**

Q 하나님께서는 주의 자녀에게 날마다 무엇으로 풍족하게 베푸십니까?

그러므로 주님은 그 사랑으로 때를 따라 성도들에게 일용할 양식과 복을 주시며 우리를 어떤 어려움속에서도 지키시고 도우십니다.

은혜 받았다고들 하는데 그 은혜가 뭐죠?

일반적으로 은혜란 그것을 받을 자격이 없는 자들에게 선물로 주어지는 것을 말합니다.

모든 사람들은 죄로 인하여 죽은 자들이요 지옥에 갈 수밖에 없는 자들입니다. 그러나 하나님께서 사람들에게 은혜를 베푸셨습니다. **예수님을 보내주셔서 구원의 길을 열어 주셨고 죄인들을 구원해 주셨습니다. 이것이 하나님의 가장 큰 은혜입니다.** 그뿐만 아니라 이 은혜로 인하여 죄인들이 의롭다 함을 얻었고, 영적인 복을 누리게 되었으며, 하나님의 자녀로 천국에 갈 수 있게 되었습니다.

우리의 이 세상의 모든 삶이 하나님의 은혜입니다. 또한 우리들의 구원은 오직 하나님의 은혜입니다. 구원에 있어서 인간의 어떤 노력도 필요하지 않습니다. 구원은 하나님께서 그리스도를 통하여 우리에게 베푸신 완전한 선물이기 때문입니다. 그러나 많은 성도들은 무엇인가 선을 행하고 공로를 쌓아야 구원을 이룰 수 있다고 생각합니다. 이것은 하나님의 말씀과 은혜를 바로 알지 못하기 때문입니다.

Q 은혜란 무엇입니까?

Q 죄인들을 향한 하나님의 가장 큰 은혜는 무엇입니까?

하나님의 긍휼이 뭐죠?

하나님의 긍휼은 죄로 인하여 어려움과 비참함에 처한 우리들에게 우리의 공로와 관계없이 베풀어 주시는 하나님의 선과 사랑입니다.

죄인으로서 인간은 하나님의 진노의 대상일 뿐 하나님으로부터 어떤 은혜도 사랑도 용서도 받을 자격이 없습니다. 그럼에도 불구하고 **하나님께서는 인간을 용서해야 할 대상으로, 또한 죄와 비참한 상태에서 도움이 필요한 대상으로 바라보고 계십니다. 이것이 하나님의 긍휼입니다.**

이러한 하나님의 긍휼은 은혜와 사랑, 자비 등으로 인간에게 표현됩니다. 그뿐만 아니라 하나님의 긍휼은 하나님의 사랑과 마찬가지로 모든 피조물에게 동일하게 나타납니다. 심지어 하나님께서는 그를 믿지 않는 자들까지도 긍휼함으로 대하십니다. 그러나 이러한 하나님의 긍휼이, 죄인을 벌하시는 하나님의 공의에 반대되는 개념으로 오해되어서는 안 됩니다. 하나님께서는 이 긍휼함으로 죄인을 위하여 예수님을 보내시고 그를 십자가에 달아 공의를 만족하게 하셨습니다. 십자가에 달리신 예수님의 공로를 생각하면 하나님의 긍휼과 공의는 반대적 개념이 아니라 완전한 조화입니다. 그러므로 예수님을 이 땅에 보내신 것은 하나님의 최고의 긍휼입니다.

Q 하나님께서는 죄인인 인간을 어떻게 바라보십니까?

Q 하나님의 긍휼함을 인간에게 어떻게 표현하셨나요?

정말 하나님께서 우주 만물을 통치하고 계시나요?

하나님의 주권이란 하나님께서 만물의 소유자로서 그리고 통치자로서 우주만물을 지배하고 다스리시는 권리를 말합니다. **하나님께서는 만물을 창조하신 분으로 만물의 주인이십니다.** 또한 만물의 주인이시기에 만물을 지배하고 통치할 권한도 하나님만이 가지십니다.

Q 온 우주만물의 주인은 누구십니까?

우리 눈에는 세상이 무질서하고 하나님께서 계시지 않는 것처럼 보일 때도 있지만 오늘도 하나님께서는 온 우주만물을 통치하고 계십니다. 하나님께서는 자연과 우주질서뿐만 아니라 인간의 생활 속에 나타나는 도덕, 학문과 예술, 문화와 정치 등 모든 영역을 주관하시고 다스리십니다. 하나님께서는 절대주권으로 세상을 통치하시지만 강압적인 힘으로 다스리시지는 않습니다. 자기의 형상을 따라 창조하시고 인간에게 세상을 다스리도록 명하신 말씀대로 최대한 인간의 의지와 자율성을 허용하십니다.

그러므로 하나님께서는 오늘도 인간의 의지와 자율성을 인정하시며 자신의 무한한 긍휼과 사랑으로 주권을 행하고 계십니다. **우리 눈에 세상이 혼란스럽고 하나님의 주권적 통치가 보이지 않아도 하나님께서는 여전히 의와 지식과 거룩으로 우리를 다스리고 계십니다.** 그리고 만물의 주인 되신 하나님께서는 오늘도 모든 우주만물을 자신의 목적과 계획에 따라 이끌어 가고 계십니다.

Q 우리가 하나님의 주권을 깨닫지 못할 때에도 하나님께서는 우리를 무엇으로 다스리고 계십니까?

하나님만 유일한 참 신이신 거죠?

이 세상에는 신들이 참 많습니다. 특히 그리스 로마 신화에 많은 신들이 나오고 성경에는 바알, 아세라, 몰락 등이 주로 나타납니다. 그럼 이런 신들은 참 신일까요? 그렇지 않습니다.

우리는 이미 성경에서 엘리야와 바알 선지자의 사건을 통해 바알이 거짓 신이라는 것을 잘 알고 있습니다. 마찬가지로 바알 이외의 신들도 사람들이 만든 우상일 뿐 참 신이 아닙니다. 그것들은 죽은 물질에 불과하여 움직이지도 듣지도 보지도 못합니다. 그 거짓 신들은 인간에게 복을 줄 수도 없으며 인간이 그것들을 믿고 소원을 빈다는 것은 헛된 일입니다. 그리고 그런 우상들이 죄인인 인간을 구원한다는 것은 더더욱 불가능한 일입니다. 그럼에도 불구하고 많은 사람들이 한 분 하나님이 아니라 여러 신을 인정합니다. 심지어 기독교 내에서도 그 거짓 신들에게도 구원이 있다고 주장하며 종교 다원주의를 인정하는 사람들이 있습니다. 분명한 것은 하나님의 말씀이며, 하나님의 말씀에 오직 이 세상에 신은 한 분 창조주이시며 만물의 주인이신 여호와 하나님밖에 없다고 기록되어 있습니다.

그러므로 우리는 성경대로 참 신은 유일하신 하나님이심을 믿으며 인간의 구원도 오직 여호와 하나님께만 있음을 믿어야 합니다.

Q 하나님 외에 참 신이 존재합니까?

Q 하나님 외에 다른 신들을 통해서도 구원의 길이 있습니까?

어려워요, 삼위일체가 뭐죠?

하나님은 오직 한 분밖에 없습니다. 그러나 한 하나님은 성부와 성자와 성령의 삼위로 계십니다. 삼위 하나님에 대해서는 논쟁도 많고 신학적 이론도 많습니다. 그러나 유한한 인간이 초월의 하나님을 온전히 이해한다는 것은 불가능합니다. 삼위 하나님은 신비이며 초월입니다. 우리는 성경에 기록된 대로 한 분 하나님이 삼위로 계심을 믿을 뿐입니다.

성부와 성자와 성령은 한 하나님으로 창조 전부터 함께 계셨으며 능력과 영광과 영원하심이 동일합니다. 그리고 삼위 하나님께서는 세상의 창조와 구원에 있어서 한 목적과 한 뜻과 한 계획을 가지고 모든 일에 함께하십니다. 우리가 예배를 드릴 때도 기도할 때도 삼위 하나님께서 함께 계십니다. 그러므로 과거에 구약을 성부의 시대, 예수님께서 이 땅에서 활동하시던 시대를 성자의 시대 그리고 예수님께서 승천하신 후부터 재림까지를 성령의 시대로 나누는 것은 잘못된 가르침입니다.

삼위 하나님께서 모든 일을 함께하심을 인정하면서도 그 특별한 사역에 있어서 구분합니다. **창조사역과 섭리는 성부에게, 구원을 이루시는 일은 성자에게 그리고 구원을 신자들에게 적용시키는 일은 성령에게 돌립니다.**

Q 삼위 하나님을 적어 보십시오.

Q 삼위 하나님께서는 모든 사역을 함께 하시지만 성부, 성자, 성령 하나님의 특별한 사역은 각각 무엇입니까?

하나님의 작정이 뭐죠?

Q 하나님의 작정이란 무엇입니까?

하나님의 작정이란 장차 일어날 모든 일들에 대하여 하나님께서 친히 정하시는 영원하신 계획과 목적입니다. 우리가 보기에는 이 세상에서 일어나는 일들이 우연한 것처럼 보입니다. 그러나 성경은 하나님께서 모든 일을 그 뜻대로 계획하시고 다스려 가신다고 말합니다(엡 1:11). 즉 하나님께서는 창조와 이 세상의 과거와 현재와 미래에 대하여 명확한 목적과 계획을 가지고 다스리고 계시다는 것입니다. 이러한 하나님의 작정은 피조물들의 자유의지에 의한 모든 행동을 포함합니다. 인간의 행동에 관계하신 하나님의 작정은 기계적인 것이 아닙니다. 인간에 대한 하나님의 작정은 인간의 자유의지를 존중하는 허용적인 것입니다.

인간이 하나님의 작정을 다 이해할 수는 없습니다. 그럼에도 불구하고 이 작정은 성경에 분명하게 드러난 사실로, 우리들은 이를 믿음으로 받아들여야 합니다. 하나님께서는 이 피조물에 대한 허용적인 작정을 통해 그의 계획을 이루어가십니다.

Q 우리가 느끼지 못할 때에도 하나님께서는 자신의 계획대로 우리를 인도하십니다. 우리는 하나님의 무엇 속에 살아가고 있을까요?

우리들이 무지하여 느끼지 못할 때에도 하나님께서는 여전히 자신의 계획대로 우리를 인도하고 계시며 우리들은 하나님의 작정 가운데 살아가고 있습니다.

또, 하나님의 예정은 뭐죠?

예정은 작정의 한 부분으로 이성을 가진 사람들과 천사들에 대한 하나님의 계획을 말합니다. 하나님께서는 구약에서 노아와 아브라함을 선택하시고, 야곱과 이스라엘 백성들을 선택하여 자기 백성을 삼으셨습니다. 또한 신약에서는 예수 그리스도를 통하여 이방인이었던 우리까지 택하여 주님의 자녀로 삼으셨습니다. 위의 모든 일들이 우연한 역사적 사건인 것처럼 보이지만 결코 그렇지 않습니다. 이것은 하나님의 영원한 계획이었습니다. 이러한 하나님의 계획을 예정이라고 합니다.

Q 하나님의 예정의 대상 두 가지는 무엇인가요?

하나님의 예정은 선택한 자들뿐만 아니라 선택을 받지 못하고 예수님을 거부하는 자들에게도 동일하게 적용됩니다. **그러나 우리가 조심해야 할 것은 이 하나님의 선택과 선택하지 않음은 인간의 능력으로 알 수도 없고 판단할 수도 없다는 것입니다.** 선택은 하나님의 주권적 의지에 따른 자신의 선하심과 기뻐하심의 표현으로, 이 비밀은 오직 하나님만이 아십니다.

Q 인간이 하나님의 선택과 선택하지 않음을 알 수 있는 방법이 있습니까?

그러므로 우리들은 이에 대한 논쟁이나 성급한 판단을 금해야 합니다. 항상 성경대로 믿고 주님의 명령에 순종함으로 전도와 선교에 최선을 다해야 합니다.

하나님의 섭리가 뭐죠?

Q 하나님의 섭리란 무엇입니까?

하나님의 섭리란 하나님께서 만물을 자신의 계획과 목적에 따라 보존하시고 다스리시는 지속적인 활동을 말합니다. 하나님께서 우주만물을 창조하신 후에 그의 모든 피조물들을 하늘에서 보고만 계시는 것이 아닙니다. 하나님께서는 지금도 그것들을 보존하시고, 땅에서 일어나는 모든 일 가운데 활동하시며, 만물을 자신의 목적대로 인도하시는 분이십니다. 이러한 하나님의 다스림과 인도는 우리 눈에 잘 드러나지 않습니다. 그럼에도 불구하고 이 땅에서 일어나는 어떤 일도 우연히 발생하는 경우는 없습니다. 모든 일이 하나님의 섭리 가운데, 하나님께서 정하신 일이 일어나고 있는 것입니다.

Q 하나님의 섭리는 전 우주와 우리의 인식을 넘어서는 영적 세계에까지 영향을 미치지만 동시에 인간 의 어떤 영역까지 적용되나요?

하나님의 섭리는 전 우주와 우리의 인식을 넘어서는 영적 세계에까지 영향을 미치지만 동시에 인간 개개인의 사소한 시간과 상황 속에서도 동일하게 적용되고 있습니다. 또한 이러한 하나님의 섭리는 오늘도 선한 의도를 가지고 교회와 그리스도인 한 사람 한 사람을 인도하고 계십니다.

우리에게 일어나는 모든 것이 하나님의 섭리라고요?

우주만물은 하나님의 섭리 아래 있으며 인간에게 일어나는 모든 것이 다 하나님의 섭리 아래서 이루어집니다. 그럼에도 불구하고 하나님의 뜻과 행하심은 인간에게 있어서 운명론적이거나 기계적이지 않습니다.

하나님께서는 그의 목적을 실현하기 위하여 직접 세상을 다스리시기도 하지만 창조의 목적대로 인간에게 자유의지와 능력을 주시고 인간의 활동을 통해 세상을 다스리기도 하십니다. 그러므로 인간은 하나님의 섭리에 의해 그들 앞에 주어진 모든 기회와 가능성을 가지고 하나님의 영광을 위해 자신의 삶을 살아가야 합니다. 때로는 인간이 이해할 수 없는 곤란이나 위험에 처할 수도 있습니다. 그러나 이러한 경우에도 인간이 이를 하나님의 뜻이라 여겨 아무 행동도 취하지 않는 것은 옳지 못합니다. 적극적으로 극복하려고 노력하는 것이 바른 태도입니다. 특히 신자라면 모든 일이 하나님의 계획에 의하여 일어나며, 어떠한 일도 우연이 없다는 것을 분명하게 인식하며 살아야 합니다.

성도들은 어려움을 만날 때에도 불평하지 말고 자신의 신앙성숙을 위한 하나님의 계획과 섭리를 인정하며 감사의 삶을 살아야 합니다.

Q 우주만물과 인간에게 일어나는 모든 것이 다 누구의 섭리 아래서 이루어집니까?

Q 신자들은 어려움을 만날 때, 자신의 신앙성숙을 위한 하나님의 무엇을 발견해야 할까요?

Q 하나님께서는 무엇으로 우주만물을 창조하셨습니까?

하나님께서는 엿새 동안 아무것도 없는 중에서 그의 권능의 말씀으로 만물을 창조하셨습니다. 그리고 지으신 모든 만물은 하나님 보시기에 심히 좋았더라고 성경에 기록되어 있습니다.

하나님께서는 전능한 분이시기에 아무것도 없는 중에 모든 것을 만드실 수 있었고, 만드실 때 엄청난 시간이나 노력이 필요하지 않았습니다. 하나님의 뜻대로 "빛이 있으라" 하시니 빛이 있었고, "광명체들이 하늘의 궁창에 있어 땅을 비추라" 하시니 말씀대로 이루어졌습니다. 그러나 인간은 일반 피조물과 다르게 창조하셨습니다. 아담은 흙으로, 하와는 아담의 갈빗대로 창조하셨습니다. 하나님의 인간 창조가 재료를 사용한다는 측면에서 겉으로 보기에는 우리 사람들의 창조와 비슷해 보입니다. 하지만, 하나님의 창조는 인간의 창조와는 본질적으로 다릅니다. 사람들의 창조는 재료의 본질에 변화가 없는 재구성에 불과합니다. 그러나 하나님의 창조는 흙이란 재료를 사용하셨지만 재료와는 전혀 다른, 살과 뼈와 영혼의 생명체를 만들어 내신 신비의 창조입니다.

Q 인간은 창조의 신비를 다 이해할 수 없습니다. 우리는 하나님의 창조를 어떻게 받아들여야 할까요?

그러므로 인간이 이 신비를 이해한다는 것은 불가능합니다. **우리는 하나님의 창조를 말씀에 기록된 대로 믿음으로 받아들여야 합니다.**

영적 세계가 뭐죠?

하나님께서는 물질의 세계뿐만 아니라 천사들로 구성된 영적 세계도 창조하셨습니다. 영적 세계는 모든 종교가 인정하고 있으며, 유명한 철학자들까지도 인정하며 이를 입증하려고 노력하였습니다. **성경은 하나님께서 창조하신 천사들에 대해 지성과 도덕적 성격을 가진 인격체로 소개합니다.** 그러므로 그들은 사람들처럼 사랑하고 기뻐하며 예배도 드립니다(히 1:6). 또한 사람처럼 말도 하고 오기도 하며 가기도 합니다(눅 1:13). 그러나 천사들은 사람들과 다르게 뼈나 살이 없으며 결혼도 하지 않습니다(마 22:30). 천사는 하나님만이 동원하실 수 있습니다. 아무리 뛰어난 인간도 천사를 부르거나 나타나게 할 수는 없습니다.

천사들은 주로 하나님을 찬양하는 일을 합니다(시 103:20). 또한 구원 받은 자들을 섬기라고 보냄을 받기도 하며, 신자들을 지키며 성전과 교회에 나타나기도 합니다 (시 34:7). 그러나 현대 자유주의 신학은 천사의 존재나 영적 세계에 대하여 과학과 이성으로 증명이 불가능하다고 하여 그 존재를 부인하고 성경적 권위를 무시하고 있습니다.

Q 하나님께서 창조하신 천사들은 지성과 도덕적 성격을 가진 무엇입니까?

Q 천사들이 주로 하는 일은 무엇입니까?

제3장   인간론

그러므로 한 사람으로 말미암아
죄가 세상에 들어오고 죄로 말미암아 사망이 들어왔나니
이와 같이 모든 사람이 죄를 지었으므로
사망이 모든 사람에게 이르렀느니라
로마서 5:12

인간론이 뭐죠?

신론이 하나님에 관한 교리라고 한다면 인간론은 하나님의 걸작품이라고 할 수 있는 인간에 관한 교리입니다. 인간론은 인간학이나 인류학과는 다릅니다. 특수하게 하나님과 관련된 인간에 대한 교리를 말합니다.

Q 인간론은 어떤 내용을 다루고 있습니까?

인간론은 크게 3가지로 되어 있습니다. '원시상태의 인간, 죄의 상태에 있는 인간 그리고 은혜언약 안에 있는 인간'입니다. '원시상태의 인간'에서는 인간의 본성을 구성하고 있는 요소와 영혼의 기원 및 그 요소로부터 하나님의 형상으로 창조된 인간에 대해 설명합니다. '죄의 상태에 있는 인간'에서는 먼저 인간을 타락시킨 죄의 종류에 대하여 설명하고, 죄의 오염과 죄책이 생기는 과정 속에 죄로 인하여 죄의 상태에 빠진 인간의 모습을 이해할 수 있습니다. 마지막으로 '은혜언약 안에 있는 인간'에서는 인간의 죄를 구속하신 하나님의 계획과 방법을 설명합니다. 인간 스스로 죄에서 벗어날 수 없기에 하나님의 은혜로만 죄 사함을 받습니다. **특히 그리스도와 은혜언약의 관계를 이해하게 되면 구원의 확신을 정확하게 이해하게 되어 믿음이 굳건해집니다.**

Q 구원의 확신을 정확하게 이해하기 위해서는 무엇을 이해해야 할까요?

인간은 무엇으로 구성되어 있나요?

인간이 영혼과 몸, 두 부분으로 구성되어 있다는 견해를 이분설이라고 합니다. 삼분설은 인간이 세 부분, 곧 몸과 혼과 영으로 구성되어 있다는 견해입니다.

삼분설에 대한 근거로는 데살로니가전서 5장 23절의 "너희의 온 영과 혼과 몸이 우리 주 예수 그리스도께서 강림하실 때에 흠 없게 보전되기를 원하노라"라는 말씀을 들고 있습니다. 그러나 **성경에서 영과 혼은 같은 의미로 구분 없이 쓰이는 경우가 많아서 지배적인 견해는 이분설입니다.**

한편 성경은 인간을 영혼과 몸으로 구성되어 있다고 하지만, 하나의 통일체로 보고 있습니다. 즉, 영혼과 몸이 유기적으로 연합된 하나의 인격적 실재라는 것입니다. 예를 들면 영혼이 죄를 짓는 것이 아니라 인간이 죄를 짓는 것입니다. 몸이 죽는 것이 아니라 인간이 죽는 것입니다. 영혼만이 아니라 영혼과 몸이 모두 그리스도 안에서 구원을 받는 것입니다.

Q 인간의 구성 요소에 대한 이론 중, 이분설은 인간이 무엇으로 되어 있다고 말하나요?

Q 이분설이 성경의 지배적인 견해로 지지받는 이유를 간단히 적어보십시오.

인간을 창조하신 목적이 뭐죠?

Q 하나님께서는 피조물 가운데 최고의 걸작인 인간을 어떻게 만드셨습니까?

하나님께서 우주와 그 안에 존재하는 모든 피조물을 창조셨을 때, 최고의 걸작은 무엇이었을까요? 바로 사람이었습니다. 하나님께서는 자신의 형상과 모양에 따라 사람을 만드셨습니다.

하나님께서 피조물 중 최고의 걸작인 인간을 만드신 목적은 무엇이었을까요? 하나님께서는 세상의 모든 것을 다 창조하신 후 맨 마지막으로 사람을 창조하셨습니다. 하나님께서 세상과 그 안에 존재하는 모든 것을 하나님 보시기에 심히 아름답게 창조하신 후에 이 피조세계를 하나님을 대신해서 다스릴 존재가 필요했습니다. 그래서 사람을 맨 마지막에 만드시면서 "그들로 바다의 물고기와 하늘의 새와 가축과 온 땅과 땅에 기는 모든 것을 다스리게 하자(창 1:26)"라는 목적으로 하나님의 형상과 모양대로 사람을 창조하신 것입니다.

최초의 사람은 하나님께서 지으신 피조세계를 통치하는 왕으로 세움을 받았습니다. 하나님의 복을 받고 생육하고 번성하며 하나님의 청지기로서 땅을 정복하고 모든 생물을 다스려야 할(창 1:28) 귀하고 영광스러운 존재가 바로 타락하기 전 사람의 본래의 모습이었습니다.

인간은 어떤 존재로 창조된 거죠?

인간의 창조에 대하여 하나님께서는 창세기 2장 7절에 "여호와 하나님이 땅의 흙으로 사람을 지으시고 생기를 그 코에 불어 넣으시니 사람이 생령이 되니라"라고 말씀하십니다. 하나님께서 인간을 눈에 보이는 육체와 하나님의 생기, 즉 영혼을 가진 존재로 창조하셨음을 알 수 있습니다. 또한 **인간은 동물들과 달리 하나님의 형상 곧 지, 정, 의를 지닌 특별한 존재로 창조되었습니다.** 하나님께서는 인간을 남녀로 지으셨습니다. 남자인 아담은 흙으로 지으셨고, 여자인 하와는 아담의 갈비뼈를 취하여 만드셨습니다. 하나님께서 인간을 창조하신 목적은 창세기 1장 28절 "하나님이 그들에게 복을 주시며 하나님이 그들에게 이르시되 생육하고 번성하여 땅에 충만하라, 땅을 정복하라, 바다의 물고기와 하늘의 새와 땅에 움직이는 모든 생물을 다스리라"에 잘 드러나 있습니다. 위의 말씀에서 **모든 우주만물이 인간의 주도 아래 서로 조화를 이루고 다스려지기를 원하시는 하나님의 계획을 알 수 있습니다.**

Q 하나님께서는 인간을 누구의 형상을 닮도록 만드셨습니까?

Q 하나님께서는 우주 만물이 누구의 주도 아래 조화를 이루고 다스려지기를 원하십니까?

하나님의 형상대로 창조되었다는 것이 무슨 뜻이죠?

하나님께서는 창세기 1장 27절에서 "하나님이 자기 형상 곧 하나님의 형상대로 사람을 창조하시되 남자와 여자를 창조하시고"라고 말씀하고 계십니다. 즉 인간은 다른 생물체와 달리 하나님의 형상으로 지음을 받은 특별한 존재임을 밝히고 있습니다.

Q 하나님께서는 인간을 지으실 때 자신의 형상대로 지으셨습니다. 이때 하나님의 형상 세 가지는 무엇입니까?

여기서 **하나님의 형상대로 인간을 지으셨다는 의미는 하나님께서 가지신 지식과 거룩함과 의에 있어서 자신의 형상을 따라 인간을 지으셨다는 뜻입니다.**

먼저 하나님의 형상으로서 인간의 지식은, 하나님처럼 완전하거나 영원한 것은 아니었습니다. 그럼에도 불구하고 아담과 하와가 가졌던 지식은 하나님의 뜻과 진리를 깨닫는 데 충분한 지식이었습니다. 하나님의 형상으로서 인간의 거룩함은, 죄가 없어서 기쁨으로 스스로 여호와께 순종할 능력을 가진 자로서의 거룩이었습니다. 마지막으로 하나님의 형상으로서 인간의 의는, 하나님께서 뜻하신 바를 온전히 행할 수 있는 존재로서의 의였습니다. 그러나 이러한 하나님의 형상들은 아담의 범죄로 인해 모두 변질되었습니다. 그러므로 타락한 인간은 더 이상 스스로 진리를 깨달을 수도 없고 하나님 앞에 나아갈 수도 없으며 하나님께 순종할 능력도 없는 존재가 되었습니다.

죄가 뭐죠?

모든 악이 다 죄인가? 그렇지는 않습니다. 지진이나 태풍 등 재난과 같은 물리적인 악은 죄라 할 수 없습니다. 질병도 악한 것이지만 죄는 아닙니다.

죄는 도덕적인 악을 말합니다. 성경에서 죄를 지칭하는 용어들(히브리어)을 살펴보겠습니다. 첫째, **하타드**는 과녁을 맞히지 못하고 정도에서 이탈한 행위를 말합니다. 둘째, **아벨과 아본**은 정직과 바름이 결여된 것 또는 정해진 길에서 벗어난 것을 말합니다. 셋째, **페샤**는 올바른 권위에 불복종하거나 거역하는 것 또는 율법을 적극적으로 범하는 것, 언약을 깨뜨리는 것을 의미합니다. 넷째, **레샤**는 악하고 죄악된 마음으로 율법을 떠난 것을 말합니다. 그 외에도 **아샴**은 죄책을, **마알**은 불성실함과 반역을, **아벤**은 허무함을, **아바**는 본성의 왜곡과 뒤틀림을 의미합니다.

이상의 용어들의 의미를 함축해 보면 죄가 윤리적인 성격을 띠고 있음을 명확하게 알 수 있습니다. 죄는 인간이 의도적으로 선택한 악한 길인 것입니다.

죄는 근본적으로 인간의 연약성, 실수, 불완전성과 같은 수동적인 것이 아니라 적극적으로 하나님을 대적하는 것이요 하나님의 율법을 적극적으로 범하는 것을 말합니다.

Q 죄를 지칭하는 히브리어 단어들을 써보시고 그 의미들을 생각해 보십시오.

Q 죄는 적극적인 모습에서 결국 어떤 모습으로 나타납니까?

그러면 하나님이 죄를 조성하신 분이라는 말인가요?

하나님께서는 우주와 그 안에 존재하는 모든 것을 창조하신 분이십니다. 그렇다면 인간 사회에 가득한 죄에 대해서도 하나님께서 창조자로서 그 책임이 있는 것 아닌가 하는 의심이 듭니다. 성경은 이러한 해석을 단호히 거부합니다.

Q 하나님께서 죄의 조성자가 아니심을 증거하는 성경 구절들의 본문을 찾아 확인해 보십시오.

하나님께서는 악을 행하지 않는 분이시며 결코 불의를 행하지 아니하십니다(욥 34:10). 그분은 거룩하신 하나님이시며(사 6:3), 그분 안에는 불의가 전혀 없으시며(신 32:4, 시 92:15), 그분은 악에게 미혹되지 않으시고 친히 아무도 시험하지 않으십니다(약 1:13). 하나님께서는 적극적으로 죄를 미워하시며(신 25:16, 시 11:5), 그리스도 안에서 인간을 죄로부터 구원하시기 위한 길을 마련하신 분이십니다.

Q 하나님께서는 죄를 만드신 분인가요?

이상의 모든 말씀을 종합해 볼 때, 하나님께서 죄를 만드신 자라고 말하는 것은 하나님을 모독하는 것입니다. **하나님께서는 결코 죄를 만드신 죄의 조성자가 아니십니다.**

죄는 처음에 어떻게 시작된 것인가요?

죄의 기원을 밝히기 위해서는 창세기 3장 인간의 타락에
까지 거슬러 올라가야 합니다. 인간의 조상 아담과 하와
는 뱀의 유혹을 받아 타락하게 됩니다. 이것은 죄가 인간
의 타락 이전 뱀, 곧 사탄 속에 존재하였다는 것을 암시합
니다.

하나님께서는 천사들을 창조하셨습니다. 요한복음 8장
44절에서 예수님은 마귀를 "처음부터 살인한 자"라고 하셨
으며, 요한일서 3장 8절에서는 "마귀는 처음부터 범죄함"이
라고 하였습니다. "처음부터"라는 의미는 인류 역사의 시초
를 가리킨다는 것이 지배적인 의견입니다. 인간의 타락 이
전에 천사들의 타락이 있었고, 타락한 천사 중의 하나인 사
탄의 미혹에 의해 인간이 타락하게 된 것입니다. 그러므로
죄의 기원은 타락한 천사들에게서 기인합니다.

천사들의 타락을 초래한 죄는 하나님과 같이 되려는 욕
망, 곧 교만의 죄였습니다(사 14:14). **인류의 조상 아담이
타락한 것도 바로 이 교만의 죄 때문이었습니다.**

Q 천사들, 특히 사탄을 타락
시킨 죄, 아담을 타락시킨 죄는
무엇입니까?

인간 속에 어떻게 죄가 들어 온 거죠?

인간의 역사 안에 있는 죄의 기원에 관하여 성경은 인류의 시조인 아담이 낙원에서 범죄함과 더불어 죄가 시작되었다고 기록하고 있습니다.

뱀(사탄)은 인간이 하나님께 반역함으로 하나님과 같이 될 수 있다고 유혹했습니다. 아담은 이 유혹에 넘어가 하나님의 명령을 어기고 금단의 열매를 따먹음으로 최초의 죄를 범했습니다. 이 죄는 하나님에 대한 인간의 고의적인 반역이었습니다. 이 최초의 죄로 인해서 아담은 죄의 노예가 되었고, 아담의 본성은 영원한 부패를 초래하게 되었습니다. 이처럼 타락한 아담은 그의 모든 후손들에게 부패한 본성을 물려주었습니다. 그뿐 아니라 아담의 죄책(죄에 대한 형벌)도 그 후손들에게 전해져서 아담의 후손인 모든 인간이 죽음의 형벌을 받지 않을 수 없게 된 것입니다. **로마서 5장 12절 "이와 같이 모든 사람이 죄를 지었으므로 사망이 모든 사람에게 이르렀느니라"라는 말씀은 모든 사람이 아담 안에서 죄를 지었으므로 모든 사람이 죽음의 형벌을 받게 되었다는 뜻입니다. 이를 대표 연합의 원리라고 합니다.**

그러므로 인간은 한 사람도 예외 없이 모두가 죄인이며 영원한 생명을 얻기 위해서는 그리스도의 구속이 절대적으로 필요한 존재인 것입니다.

Q 뱀(사탄)은 인간이 하나님께 반역함으로 무엇이 될 수 있다고 유혹했습니까?

Q 로마서 5장 12절에서 아담의 죄가 우리의 죄가 되는 것을 무슨 원리라고 말합니까?

최초로 죄를 범한 사람은 누구죠?

아담이 저지른 인간의 최초의 범죄는 다음과 같은 결과를 초래하였습니다.

첫째, 인간 본성의 **전적인 타락**입니다. **죄는 인간의 전인(全人)을 오염시킴으로써 그의 본성 가운데 죄의 영향을 받지 않고 남아 있는 부분이 없게 되었습니다.** 둘째, 하나님과 교제를 나누는 삶을 상실해 버렸습니다. 인간은 참된 생명과 복의 근원인 하나님으로부터 단절되었으며, 그 결과 **영적인 죽음**이 초래되었습니다. 셋째, 인간의 의식에 **수치심과 죄책감**이 생기게 되었습니다. 수치심은 타락한 아담과 하와가 벗은 부분을 가리려는 시도를 통해 나타났으며, 죄책감은 하나님을 두려워하는 마음으로 나타났습니다. 넷째, 영적인 죽음뿐만 아니라 **육체적인 죽음**도 초래되었습니다. 인간은 죽지 않을 상태에서 반드시 죽을 수밖에 없는 상태가 된 것입니다. 범죄로 인하여, 인간이 취함을 입었던 흙으로 돌아갈 운명에 처하게 된 것입니다(창 3:19). 마지막으로 에덴동산, 곧 **낙원에서 추방**되었습니다. 낙원은 하나님과의 교제의 장소이며, 생명과 기쁨과 복이 충만한 곳이었습니다. 인간은 하나님께 범죄함으로 인하여 더 이상 이 낙원에 거주할 수 없게 되었습니다.

Q 죄는 인간의 무엇을 오염시켰습니까?

Q 인간의 최초의 죄가 초래한 결과 다섯 가지에서 각각의 핵심 단어를 찾아 적어보시오.

아담이 지은 죄가 우리와 무슨 상관이 있는 거죠?

성경은 아담 안에서 모든 사람이 죄를 범하였다고 선언하고 있습니다(롬 5:12). 오늘을 살고 있는 우리도 아담 안에서 범죄했다는 것입니다. 어떻게 이것이 가능할까요?

Q 금단의 열매는 하나님과 아담의 어떤 관계를 의미합니까?

아담의 죄와 우리의 죄의 관계를 가장 잘 설명하고 있는 것이 언약관계입니다. **금단의 열매(선악을 알게 하는 열매)는 하나님 말씀에 순종하여 따 먹지 않으면 영생이요 불순종하여 따 먹으면 죽음의 형벌을 당하게된다는 점에서 하나님과 아담의 언약(계약)관계였습니다. 이 때 아담은 자신만이 아니라 그 후손인 모든 인류의 대표로서 하나님과 언약관계에 있었습니다.** 아담이 따 먹지 않음으로 계약상 이행조건인 순종을 하였다면 영생을 얻었을 것이고 그 후손들도 그 복을 향유하였을 것입니다. 그러나 언약명령을 위반하는 죄를 범함으로써 자신을 부패시켰고, 그 죄책(죄의 형벌)으로 죽음이 선고되었습니다.

Q 아담은 언약관계에서 어떤 위치에 있었습니까?

언약의 대표인 아담이 범한 최초의 죄가, 계약관계에 의하여 그와 관계된 그의 모든 후손들에게 전이되었습니다. 그 결과 모든 사람이 부패하고 타락한 죄의 본성을 가지고 태어나게 된 것입니다. 불행하게도 우리는 아담으로 인하여 죄인으로 태어나게 된 것입니다.

원죄는 알겠는데 자범죄는 뭐죠?

원죄는 인류의 대표인 아담이 하나님께 불순종하고 반역함으로 인해 초래된 인간 본성의 부패한 상태를 말합니다. 또한 원죄는 자범죄의 원천이 됩니다. 원죄로 인하여 인간은 태어날 때부터 죄인이 되며, 따라서 아담 안에서 죄책(죄의 형벌)을 짊어지고 있고, 부패하고 타락한 본성을 갖게 된 것입니다. 그리고 **원죄로 인한 인간 본성의 내적인 부패가 모든 자범죄의 원천이 되는 것입니다. 자범죄란 육체를 통하여 행하여진, 외적으로 나타난 모든 죄악의 행위들뿐만 아니라 부패한 인간 본성의 내부에서 일어나는 모든 의식적인 사고와 의지와 욕망을 포함합니다.** 다시 말하면 자범죄는 마음속에서 이루어지는 의심이나 악한 계획 또는 마음속에 자리 잡고 있는 욕망이나 탐욕이며, 동시에 사기, 도둑질, 간음, 살인 등과 같은 외적인 범죄 행위를 말하는 것입니다.

오늘날 교회 밖은 물론 교회 내에서조차 죄에 대한 경각심과 심각성이 약화되어 가고 있습니다. 죄(원죄와 자범죄)는 하나님께서 가장 혐오하시는 것으로, 해결되지 않으면 반드시 하나님의 심판을 받게 된다는 것을 간과해서는 안 될 것입니다. 인간의 모든 죄는 오직 십자가에서 흘리신 그리스도의 보혈로만 해결될 수 있습니다. 다른 길은 없습니다.

Q 인간은 무엇으로 인해 본성의 내부가 부패되었습니까?

Q 자범죄에 대하여 간단히 설명해 보십시오.

하나님께 용서받을 수 없는 죄가 있나요?

용서받을 수 없는 죄는 무엇일까요? 성령을 모독하는 죄가 이에 해당됩니다. 이 죄에 대하여 예수님께서는 "성령을 모독하는 것은 사하심을 얻지 못하겠고… 누구든지 말로 성령을 거역하면 이 세상과 오는 세상에서도 사하심을 얻지 못하리라"(마 12:31-32)라고 말씀하셨습니다.

Q 성령을 모독하는 죄가 어떤 죄인지 간단히 정의해 보십시오.

이 죄는 그리스도 안에 나타난 성령의 역사를 의식적, 고의적, 악의적으로 거부하고, 질투와 증오심에 사로잡혀 비방하며, 사탄과 어둠의 권세를 잡은 자들의 일로 돌리는 행위를 말합니다. **분명한 성령의 사역을 의도적이고 악의적으로 사탄의 영향과 작용으로 돌리는 것입니다.** 결정적으로 성령을 중상하고 모독하는 것입니다. 이는 모든 회개를 거부하고, 양심을 마비시키며, 죄인을 완고하게 만들어서 죄를 용서받을 수 없게 만듭니다.

Q 성령을 모독하는 죄를 결코 범할 수 없는 사람은 누구입니까?

성령을 모독하는 죄는 거듭난 사람, 곧 성령에 의해 중생한 사람은 결코 범할 수 없는 죄입니다. 따라서 혹시라도 이 죄를 지었을까 두려워하여 회개하는 마음을 갖거나 다른 사람에게 기도를 부탁하는 사람은 이 죄를 범하지 않았음을 확신할 수 있습니다.

죄에 대한 형벌은 뭐죠?

하나님께 지은 인간의 죄에 대하여 하나님께서 인간에게 내리신 형벌은 사망입니다. 이 사망은 육체적인 죽음만을 의미하는 것이 아니라, 전인적이고 종합적인 죽음입니다.

첫째, **영적인 죽음**입니다. 죄는 인간과 하나님을 분리시켰는데, 이는 영적인 죽음을 의미합니다. 인간은 생명과 축복의 근원이신 하나님과 교제할 때에만 참된 생명이 있다고 말할 수 있습니다. 죄책을 짊어진 인간, 부패하여 죄로 오염된 본성을 지닌 인간은 영적으로 사망한 것입니다.

둘째, **육체적인 죽음**입니다. "너는 흙이니 흙으로 돌아갈 것이니라"(창 3:19). 몸과 영혼의 분리인 육체적인 죽음역시 죄의 결과이고 형벌입니다.

셋째, **영원한 죽음**입니다. 영원한 고통이 따르는 지옥형벌을 의미하는 이 죽음은 영적인 죽음의 완성이며, 가장절망적이고 두려운 의미에서의 죽음입니다.

우리가 예수 그리스도를 믿고 구원받았다는 것은 이와같은 끔찍하고 절망적이며 영원한 형벌적 고통이 따르는 죽음에서 건짐을 받았다는 것을 의미합니다. 이 얼마나 큰축복입니까!

Q 하나님께 지은 인간의 죄에 대한 형벌로서의 사망은 무엇을 의미합니까?

Q 전인적이며 종합적인 죽음의 의미 세 가지를 간단히 적어보십시오.

또 다른 죄에 대한 형벌은 뭐죠?

Q 인간의 삶 속에서 일어나는 죄에 대한 형벌은 무엇 입니까?

인간의 죄에 대한 형벌에는 사망뿐만 아니라 삶의 고난도 있습니다. 죄는 인간의 삶 전체를 불행하게 만듭니다. 육체는 여러 가지 질병, 특히 암 같은 치명적인 질병에 의해 쓰라린 고통을 당하기도 합니다. 정신도 갖가지 스트레스, 극심한 경쟁과 좌절 등으로 고통을 당합니다. 마음속은 탐욕과 음란한 생각들이 서로 싸우고 충돌하는 전투장이 되기도 합니다. 대인 관계에 있어서도 상처를 주고받을 때가 많습니다. 가난한 삶도 고통스럽습니다. 다른 사람과의 비교에서 오는 상대적인 빈곤감이나 박탈감도 우리를 괴롭게 합니다. 각종 사고나 재난들도 삶을 파괴하고 불행하게 만듭니다. 이외에도 우리의 삶을 고통스럽게 만드는 고난은 헤아릴 수 없이 많습니다.

Q 우리 삶의 고난이 오직 그리스도의 십자가에서만 감사와 축복으로 바뀔 수 있다는 사실을 믿으십니까?

예수 그리스도는 우리 삶의 모든 고난과 질고를 대신 지셨고 슬픔을 당하셨습니다(사 53:4). 또한 우리 삶의 모든 저주도 대신 짊어지셨습니다(갈 3:13). 죄에 대한 형벌로서의 **우리 삶의 고난은 오직 그리스도의 십자가에서만 감사와 축복으로 바뀔 수 있습니다.**

행위언약이 뭐죠?

인간 세상에서의 언약은 상호간에 맺어집니다. 그러나 하나님과 인간 사이에 이루어지는 언약은 하나님께서 모든 조건과 내용을 일방적으로 부과하시고 인간은 그대로 받아들이고 순종하는 것입니다. 하나님께서는 절대적 주권자로서 그 피조물인 인간이 하나님과 대등한 지위에 있을 수 없기 때문입니다.

성경에서 발견할 수 있는 언약에는 세 가지가 있습니다. 행위언약, 구속언약, 은혜언약입니다. 하나님께서 인류의 조상 아담에게 부과하신 **"선악을 알게 하는 나무의 열매는 먹지 말라"**(창 2:17)는 말씀은 행위언약이었습니다. 아담이 언약을 이행하여 열매를 먹지 않으면 살고, 불순종하여 먹음으로 언약을 파기하면 죽는 것입니다. 불행하게도 인류의 대표인 아담이 불순종함(언약의 파기)으로써 모든 인간에게 죽음이 임하게 된 것입니다. 이처럼 아담의 언약 파기 행위(열매를 먹는 불순종)로 인하여 인간에게 죽음이 임하자, 하나님께서는 인간을 죽음에서 구원하시기 위해 은혜언약을 세우셨습니다. 그리스도인들은 이 은혜언약을 통해 구원, 곧 영원한 생명을 얻게 된 것입니다.

Q 성경에서 발견할 수 있는 언약은 무엇입니까?

Q "선악을 알게 하는 나무 열매는 먹지 말라"라는 말씀이 왜 행위언약인지 간단히 설명해 보세요.

구속언약이 뭐죠?

Q 구속언약이란 누구와 누구 사이에 맺어진 약정을 말할까요?

구속언약이란 인간을 죄와 사망으로부터 구원하기 위해 성부 하나님과 성자 예수님 사이에 맺어진 약정을 말합니다. 이 언약은 하나님과 그의 택함 받은 백성들 사이에 맺어진 은혜언약의 기초를 이루며, 따라서 구속언약과 은혜언약은 서로 떨어질 수 없는 밀접한 상관관계를 갖고 있습니다.

예수님은 구속언약을 통해 자기 백성들이 받아야 할 형벌을 대신 받음으로써 자기 백성들의 죄를 대속할 것과 자기 백성들을 향한 율법의 요구를 완전하게 충족하실 것을 책임지셨습니다. 그 언약에 따라 예수님은 인간의 모습(성육신)으로 이 땅에 오셨으며, 성부 하나님께서 예수님에게 주신 백성들의 대표(머리)가 되셨습니다.

Q 구속언약이 왜 예수님께는 행위언약이 되는지 간단히 설명해보세요.

구속언약은 죄인인 인간 편에서는 은혜언약의 기초요 원형이지만, 예수님 편에서는 행위언약이었습니다. **이 언약에 따라 예수님은 십자가에서 피 흘려 죽으셨으며 이를 통해 율법의 모든 요구들을 완전히 충족시키심으로써 영생을 획득하셨습니다.** 이로써 우리 그리스도인들은 그리스도께서 완수하신 이 사역의 열매, 곧 죄 사함과 영생을 오직 믿음을 통해서 누리는 복된 자들이 된 것입니다.

은혜언약이 뭐죠?

은혜언약이란 하나님께서 그리스도 안에서 택함 받은 죄인들과 맺으신 약정으로, 성부 하나님과 성자 예수님 사이의 구속언약에 그 근거와 기초를 두고 있습니다.

은혜언약은 하나님께서 주도하시며, 기꺼이 인간의 죄를 용서하시고, 자신과 인간과의 복된 교제를 회복시키시는 것으로, 하나님께서 은혜로우신 사랑의 아버지로 나타나십니다. 이 언약 안에서 죄 사함, 의롭게 됨, 하나님의 자녀 됨, 영원한 생명, 함께 누리는 영화로운 삶 등에 필요한 모든 것들이 다 이루어지게 됩니다.

그런데 이는 우리 인간의 행위와 공로에 의한 것이 아니라, 예수 그리스도의 대리적 속죄에 의한 것입니다. 인간은 오직 믿음을 통해서 이 은혜언약의 효과(열매)를 누리게 되는데, 이것 역시 성령 하나님의 적용에 의하여 이루어지게 됩니다. **우리 인간의 행위와 공로가 전혀 개입할 수 없고, 처음부터 끝까지 삼위일체 하나님의 은혜로 이루어지는 것입니다. 그래서 은혜언약이라고 부릅니다.**

은혜언약은 예수님이 십자가에서 흘리신 피가 보증이기에 파기될 수 없는 영원한 언약입니다. 하나님께서는 지금도 이를 실현시키고 계십니다.

Q 은혜언약을 왜 은혜언약이라고 부르는지 그 이유를 간단히 설명해보세요.

Q 은혜언약이 파기될 수 없는 이유는 무엇입니까?

예수님을 왜 중보자라고 말하는 거죠?

Q 그리스도가 중보자라는 말이 무슨 뜻일까요?

그리스도는 성경에서 언약의 중보자로 표현되어 있습니다. **이는 그리스도가 하나님과 죄인인 인간 사이의 화평을 회복하는 일에 전권을 위임받아 필요한 모든 일을 수행하시는 것을 의미합니다.** 예수님은 중보자로서 인간의 죄책을 짊어지시고 율법에서 요구하는 형벌을 당하셨습니다. 이 희생으로 인해 인간의 죄책이 대속함을 받았으며, 죄인을 향한 하나님의 의로운 진노가 멈추게 되었습니다. 하나님과 그리스도인이 화평을 이루고 아버지와 자녀인 관계가 회복되었습니다. 또 예수님의 중보로 그리스도인의 기도와 간구가 하나님께 받아들여질 수 있게 되었습니다.

중보자로서의 예수님은 그리스도인으로 하여금 하나님에 관한 진리를 깨닫게 하시고, 받아들이도록 설득하시고, 말씀에 순종하는 삶, 예수님을 닮아가는 성화된 삶을 살아가도록 능력을 주시고 이끌어 주십니다. 예수님은 은혜언약에 근거한 자신의 중보사역을 통해 그리스도인들을 구원의 완성의 길로 끝까지 인도하십니다. **그리스도인들의 구원은 예수님의 중보사역으로 말미암아 중도에 결코 실패하지 않는 영원한 구원이 되는 것입니다.**

Q 그리스도인의 구원이 왜 중도에 실패하지 않는 영원한 구원이 되는지 설명해보세요.

제4장   기독론

예수께서 이르시되 내가 곧 길이요 진리요
생명이니 나로 말미암지 않고는
아버지께로 올 자가 없느니라
요한복음 14:6

기독론이 뭐죠?

기독론은 인간론 뒤에 설명됩니다. 그 이유는 예수 그리스도가 중심이 되는 은혜언약이 인간론의 마지막 내용이기 때문입니다.

Q 기독론의 두 가지 큰 주제는 무엇입니까?

기독론에 소개될 내용은 크게 두 가지입니다. 예수님의 인격과 사역입니다. '예수님의 인격'에서는 그리스도의 명칭과 중보자로서의 신성과 인성, 그리고 그리스도의 신분을 설명합니다. 먼저 성경에서 말하는 그분의 이름 예수, 그리스도, 인자, 하나님의 아들, 주 등의 설명을 만날 수 있습니다. 예수님께서 중보자가 되시기 위해서는 두 본성 즉 신성과 인성을 가지셔야 합니다. 예수님은 100% 신성과 100% 인성의 두 본성을 가지신 분이십니다.

또 그리스도의 신분에서는 예수님께서 신적인 위엄을 포기하시고 종의 형체로 인성을 가지고 오신 비하의 신분과, 중보자의 역할을 다하시고 존귀와 영광에 오르신 승귀의 신분을 설명합니다. '예수님의 사역'에서는 선지자직, 제사장직, 왕직으로 설명되는 그리스도의 직책과 죄인을 구원하시기 위해 오신 그리스도의 속죄에 대한 여러 교리들을 소개합니다. 예수 그리스도를 이해하는 것은 믿음의 바른 근거와 이유를 알게 하기 때문에 중요하고, 성경 전체의 주제가 그의 이야기(His Story)라는 의미에서 그 중요성은 아무리 강조해도 지나치지 않습니다.

'그리스도'는 무슨 뜻이죠?

우리가 기도할 때, 예수님의 이름으로 또는 예수 그리스도의 이름으로 기도를 마무리하게 됩니다. 예수 그리스도라는 명칭에서 '예수'는 사적인 이름이고, '그리스도'는 직분을 나타내는 공적인 명칭입니다.

'그리스도'라는 명칭은 구약 성경 히브리어의 마쉬아흐(메시아)를 헬라어로 표기한 것입니다. **마쉬아흐는 "기름 부음을 받은 자"라는 뜻입니다.** 구약에서는 하나님께서 사용하시고자 특별히 세운 왕과 제사장, 선지자들이 기름 부음을 받았습니다. 이들에게 부은 기름은 하나님의 성령을 상징했습니다. 그러므로 기름 부음을 받았다는 것은 하나님의 특별한 도구로 사용되기 위해 성령이 임했다는 것을 의미합니다.

예수님은 영원 전부터 그리스도이셨지만 역사적으로는 세례 요한에 의하여 세례를 받으실 때 기름 부음인 성령이 임하셨고, 이 사건은 예수님이 온 인류를 죄에서 구원하기 위한 위대한 사명을 감당할 메시아, 곧 그리스도임을 나타내는 것입니다.

Q '그리스도'는 무슨 뜻입니까?

Q 예수님께서 세례를 받으실 때 성령이 임하신 것은 어떤 의미를 가지고 있는지 간단히 써 보십시오.

예수님이 하나님의 아들이라는 말이 무슨 뜻이죠?

Q 베드로는 예수님에 대해 무엇이라고 고백했습니까?

Q '하나님의 아들'이란 어떤 의미를 담고 있는지 세 가지를 간략하게 써보십시오.

예수님이 제자들에게 "너희는 나를 누구라 하느냐?"라고 물으셨을 때 **베드로가 예수님에 대한 그 유명한 고백을 합니다. "주는 그리스도시요 살아 계신 하나님의 아들이시니이다"** (마 16:16).

베드로의 고백에서 '하나님의 아들'이란 어떤 의미를 담고 있는 것일까요? 첫째, **예수님의 신성(하나님 되심)을 나타냅니다.** 하나님의 독생자로서 아버지와 신성에서 동등하신 성자 하나님을 의미합니다. 둘째, **하나님의 상속자,** 즉 하나님 아버지의 모든 것을 상속받는 상속권을 가진 자라는 뜻입니다. 예수님은 하나님 아버지께서 모든 것을 자신에게 주셨다고 하셨습니다(마 11:27). 셋째, **출생과 관련하여 동정녀를 통한 초자연적인 출생(아담의 죄를 물려받지 않는 출생)에 의해 하나님의 아들이라 호칭됩니다.**

이 세 가지의 의미를 종합해보면 '하나님의 아들'이란 하나님께서 인간의 몸을 입고 이 땅에 오신, 곧 성육신하신 하나님이라는 뜻입니다. 예수님은 완전한 하나님이시며 동시에 완전한 인간이십니다.

예수님은 완전한 하나님이시면서 인간이시라고요?

왜 인간의 구주이신 예수님은 완전한 인간인 동시에 완전한 하나님, 곧 인성과 신성을 가지셔야 할까요?

그의 인성이 필요함은 인간이 범죄하였으므로 형벌도 인간이 당해야 하기 때문입니다. 인간의 죄를 대속하는 것은 오직 인간만이 할 수 있는 일이기 때문에 인성이 필요합니다. 또 동시에 그의 인성은 죄가 전혀 없어야 합니다. 죄인은 결코 다른 사람을 위해 속죄할 수 없기 때문입니다.

그의 신성이 필요함은 그의 희생이 무한한 가치를 지닌 제물이 되기 위해서입니다. 또한 율법에 온전히 순종하기 위해서 신성이 필요합니다.

그리스도의 고귀한 희생과 율법에 대한 온전한 순종으로 인해 그를 믿는 자들이 하나님의 진노를 면하고 율법의 저주에서 해방된 것입니다. **인류 역사상 그리고 온 우주에서 완전한 사람이면서 완전한 하나님, 곧 인성과 신성을 동시에 가지신 분은 오직 한 분, 예수 그리스도밖에 없습니다.** 예수님만이 인류의 유일한 구주인 것입니다.

Q 예수 그리스도께서 가지신 두 본성은 무엇입니까?

Q 왜 오직 예수님만이 인류의 구주이신지 간단히 적어 보십시오.

예수님이 동정녀에게서 탄생하셔야 하는 이유가 뭐죠?

Q 우리는 사도신경에서 예수님의 탄생에 대하여 무엇이라고 신앙고백을 합니까?

우리는 사도신경에서 예수님의 탄생을 "동정녀 마리아에게 나시고"라고 고백합니다. 평범한 출생이 아닌 초자연적인 탄생이었음을 고백하고 있는 것입니다. 남자를 알지 못한 처녀(동정녀)를 통한 예수님의 초자연적인 출생이 가능한 것은 성령께서 관여하시고 역사하셨기 때문입니다.

Q 예수님의 동정녀 탄생의 필요성 두 가지를 간단히 써보십시오.

그리스도께서 동정녀를 통해 탄생하셔야 할 이유는 첫째, 그리스도가 **사람의 아들이 아닌 하나님의 아들이 되셔야 했기 때문입니다.** 여자에게 나셔서 육체를 입으시면서 인간의 의지에 의한 출생이 아니라 하나님으로부터 나실 필요가 있었기 때문입니다. **둘째, 만일 그리스도께서 인간에게서 나셨다면 아담의 후손으로 원죄를 가진 한 인간에 불과했을 것입니다.** 그러나 그분은 아담으로부터 유래하지 않았으므로 원죄가 전혀 없으십니다.

동정녀를 통해 탄생하신 예수님은 원죄가 없으실 뿐 아니라 전 생애에 걸쳐 전혀 죄를 짓지 않으신(자범죄가 없으신) 분으로 인류의 죄를 대속할 능력을 가지신 유일한 분이셨습니다.

예수님이 받으신 고난은 뭐죠?

예수님의 고난을 생각할 때 생애 말년의 십자가의 고난이 전부라고 생각하기 쉽습니다. 그러나 예수님의 전 생애가 그분께는 고난이셨습니다.

Q 예수님께서 받으신 고난은 구체적으로 무엇이었습니까?

예수님은 만주의 주, 만왕의 왕이신 분이 종의 신분이 되어 종으로 사셨으며, 죄가 없으신 분이 날마다 죄인과 어울려 사셨습니다. 또한 죄로 가득 찬 저주받은 세상에서 하나님의 거룩함을 가지고 하나님께 **전적으로 순종**하는 길을 걸어가신 그 자체가 고난의 삶이었습니다. 그분은 부요한 자로서 빈곤한 삶을 사셨으며, 마귀의 시험, 동족의 증오와 배척, 냉대와 박해를 당하셨습니다. 그분은 생의 시초부터 마지막에 당하실 끔찍한 십자가의 죽음을 정확하게 아시고, 일생을 이 **십자가의 고난**을 의식하며 십자가를 향하여 나아가는 삶을 사셨습니다.

Q 예수님께서 일생에 당한 고난을 핵심 단어(key word)만으로 찾아 써보십시오.

예수님의 성육신에서 시작된 고난은 그분의 생애 끝의 십자가 대수난에서 절정에 달했으며, 그때 우리의 죄에 대한 하나님의 모든 진노가 예수님께 쏟아부어졌습니다.

예수님의 고난은 온 인류를 위해 대속하신 십자가의 죽음으로 끝을 맺습니다. 성경에서의 죽음은 육체적인 죽음뿐만 아니라 죄로 인해 하나님으로부터 분리되는 것을 말합니다. 육체적으로는 살아 있으나 죄로 인해 하나님으로부터 분리된 자를 성경은 죽은 자라 말합니다.

Q 예수님의 죽음에는 어떤 의미가 있습니까?

죄의 값은 사망인데, 예수님께서는 죄를 전혀 범하지 않으셨기 때문에 그분의 죽음은 다른 각도에서 보아야 합니다. **예수님의 죽음은 사법적으로 부과된 형벌적 죽음이었습니다.** 예수님께서는 스스로 자원하여 우리 모든 사람의 범죄의 대가를 대신 치르시기 위하여 하나님의 법정에 서셨고, 의로운 재판장이신 하나님께서는 인류의 모든 죄에 대한 사망의 형벌을 그리스도에게 내리신 것입니다. 이 형벌로 인하여 그리스도이신 예수님께서 십자가에서 처형당하신 것입니다.

Q 예수님께서 당하신 십자가형은 어떤 형벌인지 간략히 써 보십시오.

십자가형은 지극히 악명이 높고 수치스러운 형벌로서 가장 천한 범죄자와 노예에게만 적용되는 저주받은 자의 형벌이었습니다. 예수님께서는 이 같은 십자가에 매달려 죽으심으로 기꺼이 우리를 위해 저주받은 자가 되신 것입니다.

예수님의 부활에는 어떤 의미가 있는 거죠?

예수님의 부활에 대하여는 반론도 많고, 특히 현대 자유주의 신학은 몸의 부활을 인정하지 않을 뿐 아니라 그 의미를 중요하지 않은 것으로 축소하고 있습니다.

그러나 **부활은 복음의 핵심적인 구성 요소 중의 하나이며 교회의 위대한 기초석 중의 하나입니다.** 그래서 우리는 예배 때마다 "장사한 지 사흘 만에 죽은 자 가운데서 다시 살아나시며"라고 예수님의 부활을 신앙으로 고백하고 있는 것입니다.

Q 복음의 핵심 요소는 무엇입니까?

부활 신앙은 다음과 같은 중요한 의미를 가지고 있습니다. 첫째, 예수님의 육체의 부활을 부인하게 되면 부활을 기록한 **성경의 진실성과 신빙성**을 의심하게 되는 것입니다. 둘째, 부활은 예수님이 하나님께서 인류의 구원자로 보내신 **그리스도시요 하나님의 아들**이심에 대한 결정적인 증거입니다. 셋째, 부활은 **구원받은 자의 영생에 대한 확신의 최고의 증거**가 됩니다. 넷째, 부활은 예수님의 구속 사역의 완성에 대한 **성부 하나님의 인정과 열납의 공식적인 선언**입니다. 끝으로 부활은 예수님께서 승천하여 하나님 우편에 앉으심으로 **교회의 머리가 되시고, 우주의 통치자**로 등극하셨음을 의미합니다.

Q 예수님의 부활의 중요한 의미 다섯 가지에 밑줄을 긋고 그 의미들을 깊이 생각해 보십시오.

예수님이 하나님 우편에서 무엇을 하고 계실까요?

Q 예수님께서 하나님 우편에 앉으셨다는 의미는 무엇입니까?

Q 예수님께서 하나님 우편에 앉으신 후에 어떻게 일하고 계시는지 간략히 써보십시오.

예수님께서 부활하셔서 승천하신 후 "하나님 우편에 앉으심"은 예수님께서 **교회와 우주에 대한 통치권을 받으신 것과 그에 합당한 영광에 참여하게 되셨음을 의미합니다.**

예수님께서는 하나님 우편에 앉아 계시면서 휴식을 누리거나 또는 수동적으로 신적 주권, 능력, 위엄, 영광을 받아 누리고 계시지만은 않습니다. **만왕의 왕, 만주의 주로서 능동적으로 통치하시고, 인류의 구원 사역을 계속 수행하고 계십니다. 예수님께서는 성령을 통해 교회를 통치하시고 보호하시며, 직분자들을 임명하시고 그들을 사용하십니다. 또한 십자가에서 이루신 속죄 사역을 끊임없이 적용하심으로 죄인들이 죄 사함을 받고 의롭게 되어 하나님 나라인 교회가 성장하고 성숙되도록 일하고 계십니다.**

하나님 우편에 앉으신 예수님께서는 지금 이 순간에도 교회와 하늘과 땅의 절대적인 통치권을 가지고 교회에 대적하는 모든 세력에 대하여 권능을 행사하시며 최후의 원수를 멸하실 때까지 교회를 보호하시고 통치하실 것입니다.

예수님의 재림은 무엇을 의미하나요?

예수 그리스도의 재림은 우리 그리스도인들의 최대의 소망입니다. 우리는 예수 그리스도를 믿음으로 이미 구원, 곧 영생을 얻었지만 여전히 삶에서 고난을 당하고 육체적 죽음의 고통을 맛보게 됩니다. 아직 구원의 완성에 이르지 않았기 때문입니다. **구원의 완성은 예수 그리스도께서 재림하실 때 이루어집니다.**

Q 구원의 완성은 언제 이루어 집니까?

성경은 여수님께서 육체적이고 가시적으로, 즉 모든 사람들이 눈으로 볼 수 있도록 재림하신다고 기록하고 있습니다(행1:11). 예수님께서는 세상을 심판하고 또 그의 백성들의 구원을 완성하시기 위해 재림하실 것입니다. 역사상에 존재했던 모든 사람들은 자신의 삶에 대한 행위의 기록에 따라 심판을 받게 될 것입니다. **예수님의 재림으로 악인들에게는 무서운 심판에 따른 영원한 형벌이 선고될 것이지만, 어린 양의 생명책에 그 이름이 기록된 성도들에게는 영원한 영광의 복이 임할 것입니다.**

Q 예수님께서 재림하시면 악인과 그리스도인에게 각각 어떠한 일이 일어나는지, 간단히 써 보십시오.

그날에 주께서 친히 자신의 백성들을 영원한 기쁨과 영광이 가득한 하나님 나라로 인도하여 주실 것입니다.

그리스도의 선지자직이 뭐죠?

Q 예수 그리스도의 사역은 무엇입니까?

Q 본문에서 예수님의 선지자직을 증거하고 있는 성경 구절을 찾아 읽어 보십시오.

예수 그리스도의 사역은 선지자직, 제사장직, 왕직의 세 직분으로 나누어집니다. 그리스도는 이 세 직분을 수행하시기 위해 기름 부음을 받으셨습니다.

먼저 예수님의 **선지자직이란 하나님의 뜻을 백성들에게 알리는 직분을 말합니다.** 이것은 가르침, 권면, 훈계, 약속, 책망의 형태로 이루어집니다. 성경은 여러 모양으로 예수님의 선지자직을 증거하고 있습니다. 구약 **신명기 18장 15절**에는 한 사람의 선지자가 예언되어 있는데, 이 구절의 선지자가 예수님임을 **사도행전 3장 22-23절**에서 밝히고 있습니다. **누가복음 13장 33절**에서는 예수님께서 자신을 선지자로 선포하고 있습니다. **요한복음 8장 26-28절**에서는 성부 하나님으로부터 받은 메시지를 전한다고 말씀하십니다. **마태복음 24장 3-35절**에서는 미래 일과 특히 종말에 대하여 예언하고 계십니다. 이외에도 신약의 많은 구절에서 예수님의 선지자직을 기록하고 있습니다.

이상의 성경 구절들을 종합해 보면 예수님은 구약에서 약속된 선지자로 기름 부음을 받은 그리스도(메시아)이십니다.

그리스도의 제사장직은 뭐죠?

제사장은 이스라엘 백성을 대표하여 하나님 앞에 가까이 나아가 그 백성을 대신하여 말하고 행동할 특권을 가진 자였습니다. 그 특징과 사역을 보면 첫째, 제사장은 하나님께서 임명하셨습니다. 둘째, 사람의 죄를 속하기 위하여 희생제물을 드렸습니다. 셋째, 백성들을 위하여 중보기도를 했으며 넷째, 하나님의 이름으로 백성들을 축복했습니다.

구약에서의 제사장직은 장차 오실 그리스도의 제사장직을 예표합니다. 히브리서 5장 10절은, 구약 시편 110편 4절에 예언된 "멜기세덱의 서열을 따른 영원한 제사장"이 바로 예수님이심을 증거하고 있습니다.

제사장의 사역 중 가장 중요한 사역은 사람들의 죄를 사함받기 위한 희생제물을 드리는 것입니다. 예수님의 사역의 핵심 역시 세상 죄를 속하시기 위해 온전하고 충분한 희생제사를 드리는 것이었습니다. **예수님의 제사장직 사역의 가장 큰 특징은 예수님께서 제사장이신 동시에 자신의 몸을 희생제물로 드린 것입니다.** 이로써 우리를 죄에서 참되고 완전하게 구속하신 것입니다.

Q 제사장의 가장 중요한 사역은 무엇입니까?

Q 예수님의 제사장직 사역의 가장 큰 특징은 무엇인지 간단히 적어 보십시오.

그리스도의 왕직은 뭐죠?

Q 그리스도의 왕직은 무엇을 의미합니까?

그리스도의 왕직은 교회에 대한 그리스도의 왕적 통치를 의미합니다. 그것은 신자들의 심령과 생활 속에 나타나는 영적인 통치입니다. 그리스도의 왕직은 물리적인 힘이나 외부적 수단에 의하지 않고 그리스도의 영이신 성령에 의하여 통치된다는 점에서 영적인 것입니다.

그리스도가 왕으로서 다스리는 왕국은 그의 구속적 은혜에 기원하고 있는 왕국으로 오직 구속받은 자들만이 그 나라의 시민이 됩니다. 신약성경에서 하나님 나라 또는 천국이라고 일컬어지고 있습니다. 그 왕국은 중생함으로써만 들어갈 수 있고, 성령 안에서 의와 희락과 평강이며, 이

Q 그리스도 왕국의 현세적 의미와 종말론적 의미를 간단히 적어보십시오.

세상에 속하지 않은 진리의 왕국입니다. **그러나 현세적으로는 신자들의 심령과 생활 속에 현존하고 있으며 또한 종말까지 끊임없이 성장해 가는 영적 실체이기도 합니다. 마침내 예수 그리스도께서 영광 중에 재림하실 때 장엄한 모습으로 나타날 왕국입니다.**

그리스도가 다스리는 왕국은 하늘의 시민권자인 모든 신자들의 미래의 소망이며 영원히 거할 본향인 것입니다.

예수님은 하나님 우편에 계시면서 무슨 사역을 하시죠?

그리스도께서 지상 사역을 마치시고 승천하신 후에는 제사장 사역이 끝난 것이 아닌가 생각하기 쉽습니다. **그러나 그분은 천상의 보좌에 앉으신 제사장으로서 지금 이 순간에도 성부 하나님과 우리 사이의 중보자가 되십니다.**

우리가 성부 하나님께 그리스도의 이름으로 기도드릴 때, 그리스도는 우리의 기도를 거룩하게 하십니다. 우리의 기도에 이러한 요소가 필요한 것은 **우리 기도가 때로는 너무나 미흡하고 사소하며 형식적이고 심지어 인간적 욕심으로 불성실하기까지 한 데 반하여 기도를 들으시는 성부 하나님은 거룩함과 진실함에 있어서 완전하신 분이시기 때문입니다.**

또한 그리스도께서는 우리가 하나님께 드리는 모든 헌신과 봉사를 거룩하게 하십니다. **우리의 헌신과 봉사의 동기가 종종 순전하지 못하며, 비록 동기가 순수하더라도 하나님께서 열납하실 만큼 완전하지 못하기 때문입니다.** 그리스도께서는 심지어 우리 생각이 못 미치거나 종종 빠뜨리는 영적 필요들도 대신 간구해 주십니다. 우리가 감지하지 못한 위험들과 우리를 노리는 대적들에 대항하여 우리를 보호하시기 위해 기도하십니다. 우리의 믿음이 끝까지 승리하도록 기도하십니다. 이러한 사실들은 우리에게 얼마나 큰 위로가 되는지 모릅니다.

Q 예수님께서 천상에서 하시는 일은 무엇입니까?

Q 왜 우리의 기도에 그리스도의 중보가 필요한지 간단히 써 보십시오.

예수님께서 우주를 통치하신다고요?

Q 하나님 우편에 앉으신 예수님께서는 어떤 분이십니까?

그리스도께서 승천하여 하나님 우편에 앉으셨을 때 우주에 대한 통치를 정식으로 위임받으셨습니다(마 28:18). **하나님 우편에 앉으신 예수님께서는 우주의 통치자, 만왕의 왕이십니다.**

예수님께서 이 왕직을 가지셨다는 것은 예수님께서 친히 우주를 다스리시고 교회의 유익을 위하여 만물을 통치하고 계시다는 의미입니다. 예수님께서는 우주의 통치자로서 모든 개인, 사회, 민족, 국가의 운명과 역사를 주관하시면서 자기 피로 구속하신 교회의 영적 성장, 점진적인 성화, 궁극적인 구원의 완성을 이루시는 방향으로 이끌어 가고 계신 것입니다.

Q 만일 예수님께서 우주적 통치를 부여받지 못하셨다면 세상 속에 있는 교회에 어떤 현상이 벌어질지 간단히 적어보십시오.

지상의 교회가 속한 세상은 우리 인간의 힘과 능력으로는 도저히 이길 수 없는 죄의 세력 아래 있고 또한 강한 영적 적대 세력인 사탄의 영향 아래 있습니다. **만일 교회의 머리되신 예수님께서 이 세상을 통제할 능력과 권세가 없으시다면 교회가 성장하고 확대될 수 없음은 물론 존재하기조차 어려울 것입니다.** 예수님의 우주적 통치는 모든 죄와 흑암의 세력으로부터 교회를 보호하고 원수들에 대하여 완전히 승리하고 사망이 철폐되기까지 계속될 것입니다.

속죄는 누구의 계획인 거죠?

예수 그리스도의 제사장직에서 가장 중요하고 핵심적인 것은 속죄라고 할 수 있습니다. **속죄란 예수님께서 우리 인간의 죄를 대신 지시고 십자가에서 죽으심(인간의 죄에 대한 대가를 대신 치르심)으로 인간이 죄로부터 용서와 자유를 얻은 것을 말합니다.**

속죄의 원인이 죄인을 향한 그리스도의 긍휼적 사랑에 있다고 주장하기도 합니다. 그리스도께서 인간의 죄를 속하시기 위해 자신을 희생물로 드려 자기의 생명을 죄의 대가로 지불함으로써 분노하신 하나님을 진정시키셨다는 것입니다. 이러한 견해는 그리스도의 숭고한 자기희생과 인간을 향한 사랑을 찬양하게 만들지만 동시에 그 같은 대가를 요구하신 하나님을 비난하게 만드는 것입니다. 이 같은 견해는 분명히 균형을 잃은 잘못된 것입니다.

성경에 의하면 속죄의 원인은 죄인을 구원하시려는 성부 하나님의 기쁘신 뜻에서 발견됩니다. 속죄를 위해 그리스도를 예비하시고 세상에 보내시기로 한 계획은 성부 하나님의 기쁘신 뜻입니다. 성부 하나님의 긍휼과 사랑이 속죄의 근본적인 원인인 것입니다.

Q 속죄란 예수님께서 인간의 죄를 어떻게 하신 것입니까?

Q 속죄의 원인에 대한 바른 견해를 간단히 적어보십시오.

십자가와 사랑과 공의는 무슨 관계가 있죠?

Q 죄인을 구원하시려는 하나님의 기쁘신 뜻은 하나님의 본래의 어떤 성품에 기초합니까?

죄인인 인간을 구원하시려는 하나님의 기쁘신 뜻은 하나님의 본래의 성품인 사랑과 공의(의로우심)에 기초하고 있습니다.

멸망 받을 죄인들에게 그리스도를 통해 속죄의 길을 제공하신 것은 하나님의 사랑이었습니다(요 3:16). 동시에 죄인을 속죄하시면서 하나님도 의로우시며 또한 예수님을 믿는 자들도 의롭게 하기 위해(롬 3:26) 그리스도로 하여금 율법을 충족하도록 요구하신 것은 하나님의 공의였습니다.

사랑과 공의 중 어느 한 쪽으로 치우쳐, 속죄를 오직 하나님의 사랑으로만 표현한다면 하나님의 공의를 올바로 평가하지 못한 것이 됩니다. 또한 속죄를 순전히 하나님의 공의에만 기초한 것으로 생각한다면 이것 역시 하나님의 사랑을 올바로 평가하지 못한 것이 됩니다.

Q 왜 하나님의 사랑과 공의에 대한 균형 있는 올바른 이해가 그리스도의 십자가의 고난과 죽음을 이해하는 열쇠가 되는지 간단히 적어 보십시오.

하나님의 사랑과 공의에 대한 올바른 이해는 그리스도의 십자가의 고난과 죽음을 이해하는 열쇠가 됩니다. 하나님께서 당신의 독생자를 가혹한 고난과 수치스러운 죽음에 내어 주셨다는 것은 단지 그의 사랑의 원리만으로는 설명될 수 없습니다. 사랑과 함께 하나님의 공의가 이해될 때 그리스도의 십자가의 죽음이 바르게 이해될 수 있는 것입니다.

왜 꼭 예수님이 죽으셔야 했나요?

인간의 죄를 속하기 위해 그리스도께서 반드시 죽으셔야
했는가?

하나님께서 그리스도의 처절한 십자가의 죽음 외에 다
른 방법을 쓰시거나 또는 속전(죄의 대가)을 요구하지 않
고도 인간의 죄를 얼마든지 용서하실 수 있었다고 주장하
는 사람들이 있습니다. 이러한 주장은 하나님의 공의를 무
시한 것입니다. **그분의 공의는 완전함을 요구합니다. 하나
님께서 자신의 공의를 훼손하시면서 인간의 죄를 용서하
실 수는 없는 것입니다. 하나님의 공의를 만족시킬 속죄가
반드시 필요한 이유입니다.**

로마서 3장 25-26절에는 죄인을 의롭게 하면서 동시에
하나님 자신의 의를 나타내시기 위해 예수님께서 속죄제
물(화목제물)로 바쳐졌다고 기록되어 있습니다.

속죄가 죄인의 구원을 위한 유일한 방법이 아니고 또한
그 속죄가 필요하지도 않은데 하나님께서 자신의 사랑하
는 독생자를 속죄의 수단으로 삼으시고, 그 끔찍하고 수치
스러운 십자가의 죽음을 당하게 하셨다고 하는 것은 도저
히 상상조차 할 수 없는 일인 것입니다. 성경은 우리의 속
죄를 위해 그리스도의 고난이 필수적이었음을 명백히 증
거하고 있습니다.

Q 하나님의 공의는 무엇을 요
구하십니까?

Q 로마서 3:25-26절을 읽고
왜 예수님께서 우리 죄를 위해
반드시 죽어야 했는지를 하
나님의 공의와 관련하여 깊이
묵상해보시기 바랍니다.

대리적 속죄가 무슨 뜻이죠?

인간이 하나님께 죄를 범했기 때문에 인간 자신이 죄에 대하여 책임을 져야 합니다. 죄인은 자신의 죄에 따른 형벌을 받음으로써 자신의 죄를 속할 수 있습니다. 그러나 인간의 죄의 형벌은 영원한 사망이므로 인간 스스로 죄를 속할 방법이 없는 것입니다. 그래서 하나님께서는 예수 그리스도를 인간의 대리자로 세우시고, 이 대리자로 인간의 죄에 대한 형벌을 대신 받게 하심(대리적 속죄)으로 인간을 위한 영원한 구원을 이루셨습니다.

Q 성경은 그리스도의 십자가의 고난과 죽음을 어떻게 증거하고 있습니까?

성경은 분명하게 그리스도의 십자가의 고난과 죽음이 그 자신의 죄가 아닌 인간의 죄로 인한 대리적인 것이었음을 증거하고 있습니다. 인간의 죄가 예수님께 이전되었고 이 죄에 따른 형벌도 이전되어 그분의 고난과 죽음은 대리적 속죄였습니다. **대리적 속죄로 우리의 죄가 예수님께 이전될 때, 이는 우리의 죄악의 본성조차 이전된다는 뜻이 아닙니다. 이는 본질상 불가능한 일입니다. 우리 인간의 죄와 죄책(죄에 대한 책임, 곧 형벌을 말함)이 예수님께 이전되었다는 의미입니다.** 우리가 예수님을 믿고 의롭게 되

Q 대리적 속죄로 우리의 죄가 예수님께 이전될 때, 우리 죄악의 본성도 이전되는지 간단히 써보십시오.

었다는 의미는 예수님의 대리적 형벌로 우리의 죄와 죄책이 사함을 받았다는 의미이지 우리의 죄악의 본성이 의로워졌다는 의미가 아닙니다. 우리의 본성은 성령의 사역을 통해 점차 성화되어 가는 것입니다.

그리스도의 속죄는 인간에게 어떤 유익이 있는 거죠?

그리스도께서 십자가에서 이루신 속죄의 효과는 다음과 같습니다.

첫째, **그리스도의 속죄를 믿는 자는 누구든지 구원을 얻으며 그 구원은 완전하고 영원하며 확고합니다. 한번 구원받은 자는 중간에 결코 버림받는 일이 없습니다.** 구원받은 자가 자기 행위에 따라 중간에 버림받을 수 있다고 주장하는 것은 하나님의 아들, 독생자의 희생(그분의 고귀한 고난과 죽음)의 무한한 가치를 깎아내리는 것입니다.

둘째, 속죄받은 사람들은 의롭게 됨, 양자됨(하나님의 자녀됨), 영원한 기업(하나님 나라)의 상속의 권리를 얻게 됩니다.

셋째, **속죄받은 사람들은 그리스도와의 신비적 연합을 통해 성령의 역사로 죄악의 본성을 가진 옛사람이 점진적으로 쇠하고 점차 그리스도를 닮아가는 성화된 삶을 살아가게 됩니다.**

넷째, 속죄받은 사람들은 그리스도를 통해 하나님과 친교를 누리며, 종말적으로 새롭고 완전한 세계(하나님 나라)에서의 영생과 최종적 복락을 누리게 될 것입니다.

Q "하나님께서 그리스도의 십자가를 통해 주신 구원은 영원한 구원이다"라는 주장에 동의하십니까? 그렇다면 그 근거는 무엇인지 간단히 적어보십시오.

Q 속죄받은 사람들은 성령의 역사로 죄악의 본성이 점점 어떻게 변하게 되나요?

제한속죄가 무슨 말이죠?

속죄의 범위에 관한 내용의 핵심은 '예수 그리스도의 십자가의 죽음이 모든 사람을 구원할 의도에서였는가? 아니면 오직 택함을 받은 자들만을 구원할 의도였는가?' 하는 문제입니다. 전자를 만인구원설, 후자를 제한속죄설이라고 합니다.

Q 속죄의 범위에 대해 성경에서는 어떻게 말하고 있습니까?

속죄의 범위에 대하여는 많은 논란이 있지만, 성경의 많은 부분에서 제한속죄설을 말하고 있습니다. **그리스도께서는 실제로 그리고 확실히 선택받은 사람들만을 구원하시기 위하여 죽으셨습니다.**

성경은 그리스도께서 자신의 고난과 죽음이 보편적인 모든 사람을 위함이 아니라 제한된 사람들을 위함임을 나타내셨음을 묘사하고 있습니다.

Q 제한속죄를 지지하는 성경 구절을 찾아 읽고 타당한지 여부를 확인해 보십시오.

내 양(요 10:14-15), 자기 피로 사신 교회(행 20:28), 자기 백성(마 1:21), 미리 정하신 그들(롬 8:29-30), 내게 주신 자들(요 17:9) 등의 표현에서 제한속죄가 지지되고 있습니다.

제5장   구원론

너희는 그 은혜에 의하여 믿음으로 말미암아
구원을 받았으니 이것은 너희에게서 난 것이 아니요
하나님의 선물이라 행위에서 난 것이 아니니
이는 누구든지 자랑하지 못하게 함이라

에베소서 2:8-9

구원론이 뭐죠?

Q 구원론은 다른 말로 무엇이라고 말하나요? 그 이유는 무엇입니까?

기독론이 그리스도의 인격과 사역을 설명하는 것이라면 **구원론은 그리스도께서 이루신 구속사역을 성령께서 인간에게 적용하여 구원으로 이끄신다고 해서 성령론이라고도 말합니다.**

성령사역은 일반사역과 특별사역, 크게 두 가지로 나눕니다. 일반사역은 자연과 인간 생활에 있어서 기존에 이루어진 질서들을 통해 피조물의 성장과 완성을 이끄는 것을 뜻하고, 특별사역은 선택된 구원받은 백성에게만 행해지는 구원을 이루는 사역을 말합니다.

성령의 특별사역은 인간의 구원사역에 있어서 구원의 시작부터 구원을 완성하게 되는 때까지 이끌어 가는 것을 말합니다. 이를 견인(堅忍)이라고 말합니다. 그래서 개혁파교회에서는 **한번 구원을 받은 그리스도인은 결코 타락하거나 구원에서 떨어질 수 없다고 말합니다. 그 이유는 성령님께서 인간의 구원의 여정을 이끌며 인도하시기 때문입니다.** 구원의 여정의 구체적인 내용은 소명과 중생, 회심, 칭의, 성화, 견인, 영화입니다.

Q 한번 구원을 받은 그리스도인은 결코 타락하거나 구원에서 떨어질 수 없는 이유는 무엇입니까?

성령님은 어떤 분이시죠?

성령님은 삼위일체 하나님 중 제3위의 하나님이십니다. **신약에서는 보혜사로 쓰여 있지만** 구약성경에는 성령의 이름이 주로 '성신, 하나님의 신, 여호와의 신, 여호와의 영'으로 기록되어 있습니다. 성령님은 어떤 기운이나 능력이 아니라 인격체입니다. 따라서 성령님은 의지(고전 12:11), 마음(롬 8:27), 생각, 지혜(고전 2:10-13), 사랑(롬 15:30) 등 성부 하나님, 성자 하나님과 똑같은 속성을 가지고 계십니다.

Q 신약성경에 기록된 성령 하나님의 이름은 무엇입니까?

성령님은 성부, 성자와 함께 우주만물을 창조하셨습니다. 구약에서 성령님은 주로 하나님의 임재와 능력으로 선지자, 왕, 제사장들에게 임하여 일하셨고, 신약에서 성령님은 예수님의 탄생과 세례에 함께하셨으며 모든 공생애와 죽음과 부활까지 동행하셨습니다. 오순절 다락방 이후 성령님은 제자들과 함께하셔서 모든 민족으로 복음이 확장되게 하셨으며 예수를 믿는 모든 성도들과 함께하셨습니다. 또한 오늘도 성도 한 사람 한 사람에게 임하셔서 성경이 진리라는 사실을 알게 하시고, 죄를 깨닫게 하시며 (요 16:8), 그리스도를 영접하고 하나님의 자녀로 거듭나게 하십니다. 또한 성령님은 구원받은 성도들과 항상 함께하셔서 그들을 지키시고 보호하시고 성화의 삶으로 인도해 가십니다(요일 4:13).

구원이 성령님을 통해서 이루어진다고요?

Q 삼위 하나님 중 창조사역과 구속사역, 구원사역은 각각 누가 주도 하십니까?

삼위 하나님은 한 분으로 모든 일에 함께하시지만 특별히 창조사역은 성부 하나님께, 구속사역은 성자 하나님께 그리고 구원의 적용과 성화는 성령 하나님께 돌립니다.

그리스도의 십자가 희생은 하나님의 공의와 요구를 만족시키셨고, 이에 따라 구원에 필요한 모든 조건이 성취되었습니다. 그리스도께서 이루신 구원은 완전한 것입니다. 그러나 그리스도가 생명을 드려 이루신 구원을 인간들에게 적용하는 일이 남아 있습니다. 시간을 따라 신자들의 생활 속에 구원을 실현시키고 신자들이 협력하여 그 구원이 땅 끝까지 이르러 완성되도록 허용하고 기대하는 구원 사역의 완성이 남아 있는 것입니다. 이것이 구원의 적용이며 성령의 사역입니다. 물론 넓게 생각하면 이 **구원의 적용도 그리스도의 사역입니다. 그럼에도 불구하고 구원의 적용은 그리스도께서 성령님을 통하여 이루십니다.** 이런

Q 구원의 적용도 그리스도의 사역입니다. 그러나 구원의 적용은 그리스도께서 누구를 통하여 이루십니까?

면에서 구원의 적용을 그리스도의 사역과 구분하며 성령의 사역으로 돌리며 구원론을 성령론으로 부르기도 합니다.

성령님은 은사와 치유, 방언만을 주시는 분이신가요?

대부분의 성도들은 성령님을 삼위일체 하나님의 제3위 하나님으로 잘 알고 있습니다. 하지만 적지 않은 성도들이 한국의 전통적인 '영'에 대한 영향으로, 성령님을 삼위일체 하나님이 아니라 단순히 신비적인 힘이나 세력으로 잘못 알고 있습니다. 성령의 은사 또한 치유나 방언만으로 잘못 알고 있는 경우도 있고, 성령의 은사들을 개인의 구원과 복을 구하는 데만 적용하려는 현세적이고 기복주의적인 신앙을 가진 성도들도 있습니다. 이와 같은 성령 이해를 가지고 있는 신자들은 하나님 나라와 교회 공동체를 향한 성령의 사역에 대하여 중요성을 인식하지 못합니다. 그들은 성령님을 통해 교회에 전달되는 하나님의 뜻을 잘 알지 못하기 때문에 그 하나님의 뜻에 신자들이 어떻게 순종할 것인지에 대해서도 무관심하게 됩니다.

이 같은 신자들은 세상에서 성도가 감당해야 할 자기의 십자가, 고난의 길을 부정적으로 생각합니다. 그리고 가난하거나 질병으로 신음하고 고통 받는 이들에 대해서는 성령의 역사를 체험하지 못하였거나 하나님의 축복과 은혜를 받지 못한 자들이라 생각하기도 합니다. **이와 같이 성령에 대한 잘못된 이해로 인하여 신자들의 신앙은 개인주의와 기복주의에 머물고, 사명자로서의 전도와 선교 그리고 사회를 변화시키는 삶은 소홀히 하게 됩니다.**

Q 신자가 성령님에 대해 잘못 알게 되면 어떤 신앙에 머무를 수 있습니까?

구원에도 순서가 있다고요?

'구원의 순서'란 그리스도 안에서 행해진 구원의 사역이 죄인들의 심령과 삶에 적용되는 과정을 설명하는 용어입니다. 즉 그리스도의 구속사역이 인간에게 적용될 때, 성령의 여러 가지 활동들을 인간이 이해하기 쉽게 논리적인 순서로 서술한 것입니다.

Q '구원의 순서'에서 강조점은 무엇입니까?

'구원의 순서'에서 강조점은, 죄인들에게 그리스도의 구원이 적용되는 과정에서 인간의 행위가 아니라 성령님께서 무엇을 행하시는가 하는 것입니다. 구원에 있어서 초월적 성령의 활동과 인간의 영적변화를 구원 전후의 과정으로 순서를 명확하게 정하는 것은 불가능합니다. 그러므로 구원의 순서에 대해서는 신학적으로 이견이 많아 다양한 용어가 사용되고 있습니다. 그럼에도 불구하고 성경은 우리가 의롭다 함을 얻은 것이 믿음에 의한 것이요(롬 3:30, 갈 2:16-20), 믿음은 하나님의 말씀을 들을 때 난다는 것(롬10:17), 우리가 칭의된 자로서 하나님과 화평을 누린다는 것(롬 5:1) 등 구원의 순서를 정할 수 있는 근거를 제공하고 있습니다.

그러므로 모든 구원의 순서를 완벽하게 정할 수는 없지만 성도들은 적어도 구원의 출발이 인간의 회개와 믿음에 있지 않으며, 부르심과 중생으로부터 시작되는 성령의 주된 사역임을 기억해야 할 것입니다.

중생이란 인간이 성령의 영향 아래 새로운 영적 생명을 부여받는 것으로, 인간 안에 새 생명을 주시는 하나님의 은혜로우신 역사하심입니다.

Q 중생을 구체적으로 어떻게 설명할 수 있습니까?

중생이란 용어는 오직 요한복음 3장 3절과 디도서 3장 5절에서만 발견되며, 헬라어로는 '새로운 생명의 시작'을 의미합니다. 다른 곳에서는 '새로운 생명의 생성'(엡 2:10), '함께 살다'(골 2:5)란 의미를 가진 용어로 기록되어 있습니다.

위와 같이 중생은 전적으로 하나님의 창조 사역입니다. 중생은 인간이 깨닫고 발견하는 것이 아니라 하나님께서 새 생명을 인간의 심령에 심으시는 것입니다. 그러므로 중생은 인간의 어떤 노력이나 협력을 필요로 하지 않습니다. 인간은 중생이라는 하나님의 은혜로운 행위로 말미암아 그리스도와 함께 새 생명으로 태어나고 부활의 새로운 삶에 참여하게 됩니다. 중생으로 우리의 삶은 성령의 영향을 받아 하나님을 향하는 성향으로 변화합니다. 그러나 **중생으로 인간 본성의 실체가 완전히 변하는 것은 아닙니다. 우리의 죄성(죄를 짓게 하는 인간의 본성)은 여전히 살아있습니다.**

Q 중생의 은혜를 받아도 인간에게 여전히 살아있는 것은 무엇입니까?

Q 하나님께서 우리를 부르시는 부르심은 무엇에 근거한 것입니까?

구원을 계획(작정)하신 하나님께서는 이를 이루기 위해 우리를 부르십니다. 우선 모든 인간에 대한 부르심(외적 부르심)이 있습니다. 이 부르심(Calling)은 시대와 민족과 나라를 초월한 보편적인 부르심입니다. 즉, 하나님께서 모든 민족으로부터 영생을 주시기로 선택한 자들을 모으시기 위해 정하신 방법입니다. 그리고 이에 응한 인간에 대해서는 성령의 도우심으로 그 심령에 적용되는 부르심(내적 부르심)이 따릅니다. 내적 부르심은 구원을 유효하게 하는 능력이 있으며, 그 부르심을 받은 사람은 분명히 구원될 것이므로 효과적 부르심이라고도 합니다.

Q 효과적 부르심은 인간의 무엇 속에서 일어나나요?

효과적 부르심은 성령에 의해 인간의 의식 속에서 일어납니다. 성령은 진리에 대한 통찰력을 인간의 오성(감성의 대상을 사유하는 능력)에 부여하고, 깨우친 인간이 하나님께 돌아오도록 합니다. 중생은 인간의 무의식 속에서 일어나는 성령의 창조적이며 초자연적 사역인 반면, 효과적 부르심은 인간의 의식 속에서 일어나는 성령의 사역으로, 하나님의 말씀을 들을 수 있는 영적인 귀를 갖게 된 사람으로 하여금 하나님의 말씀에 순종하고 싶은 의지의 변화가 일어나게 합니다.

회심이 뭐죠?

회심을 나타내는 구약의 용어는 '나함'과 '슈브'입니다. 나함은 깊은 감정을 표현하는 단어로 종종 계획과 행동의 변화를 나타냅니다. 슈브는 '돌아오다'의 의미로 하나님을 떠났던 이스라엘 백성들이 다시 하나님께로 돌아올 때 사용한 단어입니다. 그러므로 슈브는 죄로 인해 하나님으로부터 분리되었던 인간이 하나님께로 돌아간다는 회심의 의미를 정확하게 보여줍니다.

신약에서 회심을 나타내는 가장 보편적인 단어는 '메타노이아'입니다. 이는 인간 의식 영역의 변화로 보다 더 현명한 지식을 가지며, 과거의 잘못된 것을 후회하고, 보다 개선된 방향으로 나아가게 하는 마음의 변화를 의미합니다. '돌아간다'는 뜻을 가진 '에피스트로페'는 메타노이아보다 넓은 의미로 회심의 최종 행위를 나타냅니다. 단순한 마음의 변화뿐 아니라 하나님과의 새로운 관계를 확립하여 인간의 삶이 새로운 방향으로 전환하는 사실을 강조합니다.

요컨대 '회심'이란, 중생으로 이루어진 변화가 내면적인 의식 생활 가운데 나타나기 시작하는 것입니다.

Q 회심을 하게 되면 어떠한 마음의 변화가 일어납니까?

진정으로 회심한 사람은 어떤 모습일까요?

Q 진정한 회심을 한 경우, 중생한 죄인으로 하여금 하나님께서 회개와 믿음을 주시며 어떻게 하십니까?

Q 회심을 하게 되면 하나님의 은혜로 인간이 어떻게 변하게 되나요?

진정한 회심은 하나님의 인도하심과 인간의 행위 두 측면에서 살펴보아야 합니다. 먼저 한 측면은 **중생한 죄인으로 하여금 회개와 믿음을 통해 하나님께 돌아오게 하는 하나님의 인도하심입니다. 다른 측면은 하나님의 은혜를 통해 자신의 잘못된 삶의 과정을 수정하고 하나님께 나아가는 인간(죄인)의 행위입니다.**

진정으로 회심한 사람은 먼저 자신이 정죄(죄가 있다고 단정함) 받아 마땅하다는 사실을 인정하게 됩니다. 그리고 죄를 용서받기 위해서는 그리스도의 공로에 의지할 수밖에 없다는 것을 깨닫고 구원을 위해 그리스도를 믿고 그 가르침을 따르게 됩니다. 그러나 진정한 회심을 경험한 사람일지라도 일시적으로 죄에 빠질 수 있습니다. 그러나 성령께서는 이들이 결국 회개하고 하나님께 돌아오도록 인도하실 것입니다. 한번 마음에 새겨진 새로운 생명은 소멸되지 않지만, 기도와 말씀묵상과 성화의 삶을 통해서 구원에 대한 믿음을 지켜 나가야 하는 것입니다.

믿음, 믿음 하는데 우리는 무엇을 믿는 거죠?

구약에서 '믿다'를 나타내는 보편적인 단어는 '헤에민'입니다. 그 뜻은 '확고하다고 간주하다', '진실이라고 간주하다', '믿다'입니다. 또 다른 단어인 '바타흐'는 '신임하다', '의지하다', '신뢰하다'라는 뜻을 가지고 있습니다. 신약에서는 구약의 헤에민의 번역어인 '피스튜에인'을 썼는데, 그 뜻은 **신뢰에 기초한 '어떤 사람과 증언에 대한 확신'입니다. 따라서 믿음이란 하나님과의 인격적인 관계를 전제로 하며,** 마음속 깊은 곳으로부터 하나님께 의존하는 것입니다. **신약에서는 좀 더 구체적으로 죄에 대한 구속과 미래의 부활이라는, 그리스도 안에서의 하나님의 약속을 신뢰하는 것입니다**(롬 3:22, 5:1, 갈 2:16, 엡 2:8).

믿음의 단계를 순서대로 나열해 보면 다음과 같습니다. 첫 번째는 하나님과 그리스도에 대한 일반적 신뢰입니다. 두 번째는 이를 기초로 그 증거인 성경을 하나님의 말씀으로 받아들이는 것입니다. 마지막으로 그리스도께 복종하고 우리의 영혼 구원을 위해 그리스도를 의지하는 것입니다.

Q 믿음은 신뢰에 기초한 '어떤 사람과 증언에 대한 확신'입니다. 이 확신의 전제 조건은 무엇입니까?

Q 신약의 믿음은 구체적으로 죄에 대한 구속과 미래의 부활이라는, 그리스도 안에서의 무엇을 신뢰하는 것입니까?

진정한 믿음이란 어떤 믿음이죠?

Q 기독교에서 말하는 믿음은 무엇을 확신하는 것입니까?

기독교에서 말하는 믿음은 인간이 하나님의 권위를 근거로 성경의 진리를 확신하는 것입니다.

기독교 믿음 중에도 잘못된 믿음들이 있습니다. 먼저는 신앙적, 영적 바탕이 없이 성경을 지식으로만 접근하는 역사적 믿음입니다. 다음은 성경을 통해 양심과 감정의 자극을 받지만 심령에 뿌리를 내리지 못하는 일시적인 믿음이 있습니다. 이와 같은 믿음은 구원에 이르지 못합니다.

진정한 믿음은 구원에 이르는 믿음입니다. 이는 단순한 지식의 차원을 넘어 구세주 예수를 삶의 주인으로 인정하고 삶의 방향을 그분에게로 전환하는 전인격적인 변화를 가능하게 하는 믿음입니다. 나아가 때로는 주님의 고난에 동참하고 삶을 통해 그리스도인임을 확증하며 그리스도의 재림을 소망하는 믿음입니다.

Q 진정한 구원적 믿음은 오직 무엇으로 인한 것입니까?

그러나 인간은 죄성으로 말미암아 스스로 이러한 믿음을 가질 수 없습니다. 인간 자신의 능력만으로는 예수를 구세주로 인정하여 믿고 의지할 수도 없으며, 더더욱 삶을 통해 확증하는 것은 불가능합니다. **구원적 믿음은 오직 성령에 의해 주어지는 전적인 하나님의 은혜입니다.**

칭의라는 단어는 어떤 뜻을 담고 있죠?

칭의(의롭다 칭함)를 나타내는 구약에서의 단어는 히츠디크로 '어떤 사람이 율법의 요구를 충족시켰다고 법적으로 선언하다'라는 뜻입니다(출 23:7, 신 25:1). 이는 인간이 선하게 혹은 거룩하게 변화되었다는 의미가 아니라, 의롭다고 간주될 수 있도록 그 지위(신분)를 바꾸어준다는 의미입니다.

신약에서 동사로 사용한 디카이오오는 '어떤 사람을 의롭다고 선언하다'라는 의미입니다(마 12:37). 바울 서신에서는 여기에 구원론적 의미를 더하여 '생명의 조건인 율법의 요구가 충족되었다고 선언하다'라는 뜻으로 사용되었습니다. 또 하나님의 심판 앞에서 그의 삶이 하나님의 율법적 요구를 만족하는 수준에 이르렀을 때 그 사람을 '디카이오스하다'라고 말하여 형용사로도 사용하였고, 명사인 디카이오시스는 '인간이 죄를 사면 받아 자유롭게 되었으므로 하나님 앞에 나아올 수 있다고 선언하는 하나님의 인도하심'을 뜻합니다.

Q 신약에서 칭의에 대한 동사로 디카이오오가 사용되었습니다. 이 단어의 의미는 무엇입니까?

칭의가 뭐죠?

Q 칭의는 죄인에 대하여 율법의 모든 요구가 충족되었다는 하나님의 법적 선언입니다. 그 근거는 무엇입니까?

칭의는 그리스도의 십자가의 공로에 근거하여 인간의 죄가 사함을 받고 의인이 되었다는 하나님의 법적 선언입니다. 칭의로 죄책(죄에 대한 책임)이 완전히 면제된 인간은 하나님의 자녀로서의 신분을 회복하고, 하나님과 화평하게 되어 거룩한 공동체를 이루고 하나님의 은혜와 축복을 받아 누릴 수 있게 됩니다.

그러나 칭의라는 법적 선언이 있다 하더라도 우리의 믿음이 필요합니다. 여기서 말하는 믿음은 우리가 그리스도의 공로를 칭의의 근거로 받아들이며 획득하게 하는 도구로서의 믿음입니다. 그리스도께서 이루신 의는 완전한 의이므로 인간의 어떤 행위나 공로를 필요로 하지 않습니다. 하나님 앞에서 우리가 의인(義人)이 된 것은 오직 나의 죄를 대신하여 십자가에 달리신 예수님의 공로에 의한 것입니다. 그러므로 이 믿음은 하나님의 선물입니다.

거룩하다는 것이 뭐죠?

신약에 나타난 성화에 대한 용어는 하기아스모스로 '윤리적 순결'을 의미합니다. 보다 깊은 뜻을 살펴보면 '모든 불순하고 타락한 것으로부터 영(영혼)이 분리되고, 모든 육신과 마음의 욕망과 죄를 포기하는 것'을 의미합니다. 여기서 '타락한 것으로부터의 분리와 죄를 포기함'은 하나님의 거룩한 속성에 해당합니다. 그런데 **하나님께만 있는 이 거룩함이 예수 그리스도에 의해 세상에 드러났으며, 성령을 통해 모든 그리스도인에게 허용됩니다.**

구약에서의 거룩이란 단어는 코데쉬입니다. '하나님께 봉헌된 사물이나 사람들이 다른 것들로부터 분리되었음'을 의미합니다. 사물에 사용한 경우는 '가나안' 땅, '성막과 성전', '안식일', '절기' 등입니다. 이 모든 것은 구별된 것으로 하나님의 위엄 아래 있어서 거룩하다고 일컬어졌습니다. 사람의 경우는 '선지자', '제사장', '레위인' 등 주님을 특별하게 섬기는 자들이 이에 해당됩니다.

성화와 거룩은 요컨대 '신성한 목적을 위해 일반적인 것들과 구별된 것'이라 말할 수 있습니다. 우리 또한 세상으로부터, 죄로부터 구별된 하나님의 거룩한 교회인 것입니다.

Q 하나님의 거룩이 세상에 드러나고 그리스도인에게 허용되는 것은 각각 누구를 통해서입니까?

성화가 뭐죠?

성화는 예수 그리스도의 십자가의 은혜가 인간에게 적용되는 성령의 사역입니다. 성화의 과정에서 겉으로 드러난 변화가 마치 인간의 노력의 결과처럼 보입니다만, 인간 스스로 성화하는 것은 불가능합니다. 이생의 자랑, 육신의 욕망 등 죄성으로부터 완전히 자유로울 수 있는 인간은 이 세상에 존재하지 않습니다. 성화의 중심에는 반드시 성령의 도우심이 있습니다. 성화는 하나님이 주체이신 성령의 사역입니다.

Q 성화를 통해 구체적으로 인간의 본성에서 무엇이 제거됩니까?

성화는 우선 옛사람인 죄의 몸에서 인간 본성인 부패와 타락이 점진적으로 제거되는 것입니다. 그리스도인들은 죄의 지배를 받던 옛사람의 본성을 그리스도와 함께 십자가에 못 박은 사람들입니다. 그리고 현재는 성령의 지배를 받는 새사람들입니다. 성령의 지배를 받는 사람들은 점진적으로 죄에서 떠나 하나님을 향하게 됩니다. 이어서 영혼의 거룩한 성향이 강화되는 적극적 변화가 나타납니다. **옛**

Q 성령의 지배하심을 받은 사람들은 어떤 가치관을 가지게 되나요?

사람을 버리고 성령의 지배하심을 받은 사람들은 죄로 인한 옛 가치관을 버리고 하나님의 새로운 가치관을 가지게 됩니다. 삶에서 거룩한 실천들이 늘어나고 성도로서 하나님께서 원하시는 삶으로 나아가게 됩니다. 그러나 이 땅에서의 성화는 점진적인 변화와 성장일 뿐 완전한 성화를 이룰 수는 없습니다.

성화와 중생, 칭의와 믿음은 무슨 관계가 있죠?

거듭남(중생)은 단번에 이루어지지만, 성화는 오랜 시간을 두고 점진적으로 이루어집니다. 중생은 성화의 시작입니다. 그리고 중생에서 시작된 성화는 완성을 향하여 나아가는 지속적인 하나의 과정입니다.

칭의 또한 성화에 선행하며 성화의 기초가 됩니다. 하나님께서는 그리스도의 십자가의 의를 통해 우리를 의롭다 하셨습니다. 그러나 우리는 의롭다 인정을 받았을 뿐 스스로 거룩해 질 수 없는 죄인에 불과합니다. 더욱이 완전한 거룩함으로 나아가는 것은 불가능합니다. 오직 하나님께서 그리스도의 의를 기초로 성령을 통해 우리를 거룩함으로 나아가게 하십니다.

인간이 거룩함으로 나아가는 데는 믿음이 필수적입니다. 믿음은 우리를 그리스도와 만나게 하고 그리스도와 연합하게 합니다.

중생은 성화의 시작이고, 칭의는 성화의 기초가 되며, 믿음은 성화의 필수적 도구입니다.

Q 성화의 필수적 도구는 무엇입니까?

성화의 열매가 뭐죠?

선행은 성화의 열매입니다. 여기서 말하는 선행은 세속에서 말하는 선행과 그 본질이 다릅니다. 기독교에서의 선행이란 하나님의 도덕법에 부응하는 영적 행위를 말하며, 그 특징은 다음과 같습니다.

첫째, 선행은 중생한 자가 하나님 말씀에 순종한 열매입니다. 둘째, 선행은 하나님에 대한 사랑에서 출발하며 하나님의 뜻을 행하고자 하는 의도에서 시작됩니다. 셋째, 선행의 목표는 인간의 복이 아니라 하나님을 영화롭게 하는 것입니다.

중생하지 못한 자들도 하나님의 일반은혜에 의해 선한 행위를 할 수 있습니다. 그러나 이는 하나님에 대한 사랑과 영적 뿌리를 가지고 있지 않으며, 그 본질이 하나님을 영화롭게 하는 것과는 거리가 멉니다. 단지 착한 행위일 뿐입니다. 그러므로 그 행위가 인간의 눈에 아무리 선하다 해도 구원과는 관계가 없습니다. 중생한 자들의 선행도 그 자체로는 구원과 무관합니다. 선행이란 구원을 얻기 위한 수단이 될 수 없습니다. **선행은 단지 구원받은 자의 감사의 표현이며, 믿음의 열매입니다.**

Q 기독교에서 말하는 선행이란 구원받은 자의 무엇입니까?

성도의 견인이라는 말은 뭐죠?

견인이란 우리의 심령 안에서 하나님의 은혜의 사역이 지속되고 완성에 이르게 하는 성령의 지속적인 사역입니다. 하나님에 의해 부르심을 받고 중생한 자들도 때로 죄악에 빠지지만 결코 하나님의 자녀라는 신분에서 완전히 타락하여 영원한 구원에서 탈락하지는 않습니다. 하나님의 선택을 받은 자는 이미 구원을 획득한 자입니다. 그 구원은 영원 전부터 하나님의 뜻이며 변경이 불가능합니다. 지금도 그리스도께서는 이 일을 위해 쉬지 않고 중보하시며, 성령께서는 우리 안에서 지속적으로 지키시고 활동하십니다.

종종 예수님을 따르다가 교회를 떠난 자들이 있지만, 그들이 선택된 자라면 다시 돌아오고 마침내 구원에 이를 것입니다. 주님께서도 "내 양은 내 음성을 들으며 나는 그들을 알며 그들은 나를 따르느니라. 내가 그들에게 영생을 주노니 영원히 멸망하지 아니할 것이요 또 그들을 내 손에서 빼앗을 자가 없느니라. 그들을 주신 내 아버지는 만물보다 크시매 아무도 아버지 손에서 빼앗을 수 없느니라"(요 10: 27-29)고 말씀하셨습니다.

Q 견인이란 우리의 심령 안에서 하나님의 은혜의 사역이 지속되고 완성에 이르게 하는 무엇입니까?

제6장 교회론

교회는 그의 몸이니 만물 안에서 만물을
충만하게 하시는 이의 충만함이니라

에베소서 1:23

교회론이 뭐죠?

Q 성경에 나타난 교회의 의미로 볼 때 교회는 누구를 말할까요?

성경에서 '교회'는 다양한 의미로 설명되고 있습니다. 그러나 **공통된 의미는 '부르다(to call)', '불러내다(to call out)'는 뜻으로서 이스라엘의 회중 또는 하나님의 부르심을 받은 회중을 말합니다.** 교회라는 말은 신약에 와서 예수님께서 처음 사용하셨지만 그 이후 신약성경에서 여러 가지 의미로 사용되고 있는 것을 볼 수 있습니다. 교회는 예배를 위하여 모인 일정한 지역에 있는 신자들의 단체를 말하는 지역교회의 의미로 쓰이기도 하고, 개인의 가정에서 모인 가정교회를 가리키기도 하며, 그리스도와 연합된 전 단체를 가리키기도 합니다.

교회론에서는 교회의 의미, 교회를 나타내는 표현들, 교회의 종류들, 교회의 표지, 교회의 통치, 은혜의 방편 등을 Q 교회의 표지는 무엇인가요? 설명합니다. **특히 교회의 표지인 말씀, 성례, 권징을 주목할 필요가 있습니다.** 그것들이 교회에서 어떤 역할을 하고 있는지 이해하는 것이 중요합니다. 교회의 표지를 얼마나 잘 지키며 존중하며 나아가는가에 따라 건강한 교회, 하나님께서 기뻐하시는 교회가 되기 때문입니다. 아울러 은혜의 방편인 성례의 바른 이해도 중요합니다.

교회가 건물을 뜻하는 것이 아닌가요?

십자가가 세워진 건물을 교회라고 부릅니다만, **교회란 본질적으로는 '예수님을 그리스도로 고백하는 신앙 공동체'를 의미합니다.**

Q 교회의 본질적인 의미는 무엇입니까?

교회는 우주적인 무형교회와 지상에 존재하는 유형교회로 나눌 수 있습니다. 전자는 예수님 아래 모였고, 모이고 있으며, 모이게 될 택함 받은 모든 자들로 구성되는 교회를 말합니다. 다시 말하면 예수님을 믿고 죽어서 이미 천국에 가 있는 천상교회와 지상에 현재 존재하는 모든 교회와 앞으로 종말까지 존재하게 될 모든 미래의 교회를 총괄하는 교회를 말합니다. 우리가 예배 때마다 신앙 고백하는 〈사도신경〉에서의 '거룩한 공회'는 바로 우주적인 무형교회를 말하는 것입니다.

Q 〈사도신경〉에서의 '거룩한 공회'란 어떤 교회를 말하는지 간단히 설명해 보세요.

후자는 이 지구상에 실재하고 있는 교회를 말합니다. 유형교회에는 아직 거듭나지 않은 자들도 포함되어 있습니다. 알곡과 가라지가 함께 섞여 있을 수 있는 것입니다(마 13:24-28). 그러나 우리 인간은 지식과 통찰력의 한계로 누가 알곡이고 가라지인지 알 수 없습니다. 함부로 판단하는 것은 금물입니다. 그렇기 때문에 모든 교인을 택함 받은 거룩한 성도로 보고 합당한 예우를 해야 합니다.

성경에서 교회를 뜻하는 말은 뭔가요?

성경에는 교회의 성격을 드러내는 몇 가지 비유가 있습니다.

Q 교회를 의미하는 비유적 표현 네 가지의 핵심 단어를 적어 보세요.

첫째, '**그리스도의 몸**'(엡 1:23, 고전 12:27)이라는 표현이 있습니다. 교회는 유기적 통일체로 영광스럽게도 예수님을 머리로 하는 생명체라는 것입니다.

둘째, **성령이 거하시는 하나님의 전**이라는 표현이 있습니다. 사도 바울은 교회를 성령이 거하시는 '하나님의 성전'(고전 3:16), '성령 안에서 하나님의 거하실 처소'(엡 2:21-22)라고 하였습니다.

셋째, '**하늘의 예루살렘**'(히12:22), 또는 '**새 예루살렘**'(계21:2)이라고도 하였습니다. 교회는 하나님의 처소이며, 하나님의 백성이 하나님과 교류하는 곳이라는 것입니다. 예루살렘은 구약에서 하나님께서 거하시는 곳, 하나님께서 자신의 백성과 접촉하는 장소를 상징하였습니다. 따라서 교회를 '하늘의 예루살렘', 또는 '새 예루살렘'이라고 표현한 것입니다.

Q 하나님 나라를 대적하는 자들에 대항하여 진리를 옹호하고 수호하는 요새는 무엇인가요?

마지막으로 교회를 '**진리의 기둥과 터**'(딤전 3:15)라고 하였습니다. **교회가 하나님 나라를 대적하는 자들에 대항하여 진리를 옹호하고 수호하는 요새라는 의미입니다.**

전투하는 교회와 승리의 교회가 뭐죠?

현세의 지상에 존재하는 교회는 전투하는 교회입니다. 교회는 거룩한 싸움을 싸우도록 부름을 받았으며, **교회 안팎에서 모습을 드러내지 않는 적대 세력들, 흑암의 영적인 세력들에 대항하여 부단히 싸우지 않으면 안 됩니다.** 물론 이 싸움은 서속의 물리적 싸움은 아닙니다. 진리와 복음, 믿음과 하나님의 말씀, 성령의 능력으로 싸우는 영적 싸움입니다. "우리의 씨름은 혈과 육을 상대하는 것이 아니요, 통치자들과 권세들과 이 어둠의 세상 주관자들과 하늘에 있는 악의 영들을 상대함이라. 그러므로 하나님의 전신 갑주를 취하라. 이는 악한 날에 너희가 능히 대적하고 모든 일을 행한 후에 서기 위함이라."(엡 6:12-13)

지상의 교회가 전투하는 교회라면 **천상의 교회는 승리의 교회입니다.** 천상의 교회에서는 신자들이 지상에서 싸우면서 당한 모든 슬픔, 고난, 환란, 핍박, 눈물, 고통들이 승리의 노래로 바뀌게 될 것입니다. 신자들이 짊어졌던 고난의 십자가는 면류관으로 대체될 것입니다. 싸움은 끝나고 신자들은 승리자가 되어 그리스도와 함께 영원토록 왕으로서 다스리게 될 것입니다.

Q 지상의 교회는 교회 안팎에서 모습을 드러내지 않는 어떤 세력과 싸워야 합니까?

Q 천상의 교회는 어떤 교회입니까?

교회는 다음과 같이 세 가지 관점에서 정의할 수 있습니다.

첫째, 하나님의 선택이라는 관점에서는 선택받은 무리입니다. 이 선택받은 무리에는 아직 태어나지 않은 자들과 아직은 교회 밖에 있는 택함 받은 자들도 포함됩니다. 이 정의는 이상적인 교회, 마지막 때에 완성될 교회를 가리킵니다.

Q 교회를 효과적인 소명의 관점에서 정의하면 무엇입니까?

둘째, **효과적인 소명의 관점에서는 성령에 의해 부르심을 받은 자들의 공동체입니다.** 유효한 부르심을 받은 자들, 곧 구원을 확신하는 신자들의 공동체를 말합니다.

셋째, 세례와 신앙고백의 관점에서 세례를 받고 참된 믿음을 고백하는 자들의 공동체입니다. 세례와 참된 신앙고백은 교회의 외적인 표지, 곧 교회의 일원임을 대외적으로 공포하는 것입니다.

이상 세 가지 관점에서의 교회를 통합한 개념이, 바르고 균형 잡힌 교회의 정의라고 할 수 있습니다.

하나님 나라와 교회는 무엇이 더 큰 개념일까요?

하나님 나라는 영토적 개념이 아닙니다. 하나님의 주권적 통치를 말합니다. 그리고 하나님 나라와 교회는 유사한 면이 있지만 엄밀하게는 구별됩니다. 하나님 나라의 시민권과 교회의 회원권은 모두 거듭남을 통하여 얻는 것이고, 교회에 속하지 않고서는 하나님 나라에 속할 수 없습니다. 그런데 **그리스도 안에서(왕이신 그리스도를 통해) 하나님의 통치를 받고 있다는 점에서는 하나님 나라를 구성하는 것이고, 세상 사람들과 구별되어 그리스도를 머리로 하는 유기체적 연합을 이루고 있다는 점에서는 교회를 구성하는 것입니다.**

교회는 하나님 나라에 속해 있고, 하나님 나라의 일부분이며, 하나님 나라의 능력과 특성을 보여주는 곳입니다. 교회는 하나님 나라를 실현하고 확장하는 도구요, 수단입니다. 하나님 나라는 교회보다 포괄적인 개념입니다. 하나님 나라는 교회의 모든 활동뿐만 아니라 그리스도인들 각자의 삶의 모든 영역에서 하나님의 주권적 통치를 나타내기 때문입니다.

Q 하나님의 통치를 받고 있다는 것은 무엇입니까?

구약시대에도 교회가 있었나요?

Q 족장시대의 교회에서 제사
장 역할은 누가 했나요?

교회는 구약시대부터 존재해 왔습니다. **족장시대의 믿는
자들은 경건한 가정 교회를 이루고 아버지가 제사장 역할
을 했습니다.** 노아의 홍수 때에도 교회는 노아의 가족 안
에서 보존되었습니다. 특히, 셈의 혈통을 통해서 명맥이
이어졌습니다. 아브라함 시대에 하나님께서는 그와 언약
을 맺으시고 할례라는 표징으로 자기 백성을 세상 사람들
과 구별하셨습니다. 그리고 모세 시대까지 족장들의 가족
을 통해 참된 신앙의 전통이 보존되었습니다.

Q 출애굽 이후 이스라엘 백성
이 국가를 형성하면서 구성한
것은 무엇이었습니까?

**출애굽 이후, 이스라엘 백성들은 국가를 형성하는 동시
에 하나님의 교회를 구성하였습니다.** 이스라엘 국가 자체
가 교회였고, 교회는 그 한 국가에만 제한되었습니다. 그
러므로 외국인과 이방인들은 이스라엘 국가 안에 들어와
통합될 때에만 교회에 들어올 수 있었습니다. 하나님에 대
한 예배는 중앙 성소에서 드려졌고 세세한 부분까지 규정
되었습니다(출애굽기, 레위기). 그 규정들의 대부분은 예
배의 형식과 절차에 관한 것이었습니다.

신약시대의 교회는 어떠했나요?

신약시대의 교회도 구약시대의 교회와 본질적으로는 동일합니다. 도두 참된 신자들로 구성된 공동체인 것입니다. 그러나 신약시대에는 예수 그리스도의 완성된 사역으로 교회에 몇 가지 중요한 변화가 일어났습니다.

첫째, 교회가 이스라엘 국가로부터 분리되어 독립된 조직을 형성하게 되었습니다. 교회가 국가와 분리된 것입니다. 둘째, 교회가 이스라엘 민족과 국가를 넘어 세계적, 보편적 성격을 띠게 되었습니다. 교회가 선교를 통해 세계 모든 민족과 나라에 복음을 전파하기에 이른 것입니다. 셋째, **구약시대의 형식과 절차 위주의 의식적인 예배가 성령과 진리에 바탕을 둔 보다 영적인 예배로 대체되었습니다.**

이상을 종합해 보면, 교회는 구약시대부터 존재해 왔으며 신구약 교회 간의 제도 및 예배의 형식과 절차상의 차이에도 불구하고 두 시대의 교회는 본질적으로 동일한 교회라고 할 수 있습니다.

Q 구약시대의 형식과 절차 위주의 의식적인 예배가 신약시대에는 어떤 예배로 대체되었습니까?

교회의 통일성이 뭐죠?

Q 교회의 통일성이란 누구를
머리로 하여 구성하는 것을 말
합니까?

**교회의 통일성이란 교회가 예수 그리스도를 머리로 하고
신자들이 각 지체인 하나의 신비로운 몸을 구성한다는 의
미입니다.** 이 몸은 머리요 왕이신 예수 그리스도의 통제를
받으며, 성령에 의해 활력을 부여받습니다.

교회의 통일성은 교회에 속한 모든 자들이 공통된 신앙
을 가지며, 공통된 사랑의 끈으로 묶여지고, 미래에 대한
공통된 소망을 가진다는 것을 의미합니다. 그리고 신앙고
백, 공적인 예배와 성례에의 참여, 그리스도인으로서의 삶
과 행위 등이 그 외적 표지입니다.

전 세계에 흩어져 있는 수많은 유형교회의 통일성은 그
연합의 끈을 외형적인 조직에서 찾지 않습니다. 참된 말씀
의 선포와 바른 성례의 시행과 신실한 권징의 시행에서 찾
습니다. 외형적으로 아무리 멋진 건물과 많은 교인들로 구
성되었다 하더라도 순수한 복음의 교리가 선포되지 않고,
그리스도께서 제정하신 성례가 바르게 시행되지 않으며,
질서와 순결 유지를 위해 권징이 이루어지지 않는다면 그
것은 교회라고 할 수 없습니다.

교회가 여러 종파로 분열되고, 전 세계 수많은 민족, 국가, 종족 사이에 흩어져 있기 때문에 참된 교회와 거짓된 교회를 구분해야 할 필요성이 대두되었습니다. 참된 교회의 표지는 다음 세 가지입니다.

첫째, **참된 말씀의 선포입니다.** 말씀을 그릇되게 가르치고 교리와 삶이 그리스도의 통제 아래 있지 않다면 그것은 거짓된 교회입니다.

둘째, **바른 성례(성찬과 세례)의 시행입니다.** 성례는 합법적인 사역자들에 의해 하나님께서 세우신 제도에 따라 자격을 갖춘 교인들에게만 시행되어야 합니다.

셋째, **신실한 권징의 시행입니다.** 권징은 교리의 순수성과 성례의 거룩성을 수호하기 위해 필요한 것입니다. 죄악으로 어두운 세상에서 순결하고 거룩한 교회를 유지하기 위해서는 권징을 신실하게 시행하여야 합니다.

이상의 세 가지 표지에 비추어 어느 교회가 참된 교회인지, 거짓된 교회인지, 또는 이단인지를 식별하는 것입니다.

Q 참된 교회의 세 가지 표지는 무엇입니까?

교회를 통치하시는 분은 누구시죠?

Q 예수님께서는 세상을 무엇으로 다스리십니까?

그리스도의 통치는 세속의 통치와 근본적으로 다릅니다. **예수님께서는 말씀과 성령을 통하여 다스리십니다.** 모든 교인들은 하나님 말씀에 무조건, 절대적으로 순종하여야 합니다. 그리스도는 교회의 유일한 주권적 통치자이시므로 그분의 말씀(성경)은 절대적인 법이기 때문입니다. 그러므로 교회는 성령의 역사와 성경 말씀의 권위에 의하여 통치되어야 하며, 그 외에 어떤 형태의 권력도 행사되어서는 안 됩니다.

예수님께서 목사와 장로 등 사역자들을 통하여 교회 안에서 그분의 권위를 행사하시는 것은 사실이지만, 이것은 예수님께서 자신의 권위를 목사나 장로 등에게 양도한다는 의미는 아닙니다. 교회는 예수님께서 직접 다스리시며, 교회의 모든 직분자는 예수님께서 사용하시는 도구인 것입니다. 그러므로 **교회의 직분자들에게는 그리스도와 무관하게 독자적인 권세가 주어진 것이 아니라 오직 교회를 위한 봉사적인 권세만이 주어진 것입니다.**

Q 교회의 직분자들에게 주어지는 권세는 어떤 권세입니까?

교회에는 무슨 권세가 있는 거죠?

예수님께서는 교회를 세우셨을 뿐만 아니라 교회에 필요한 권세도 주셨습니다. 예수님께서 교회에 주신 권세는 다음과 같은 두 가지 성격을 띱니다.

첫째, 영적 권세입니다. 영적이라 함은 이 권세가 성령에 의해 주어진 것이며, 예수님의 이름과 성령의 능력을 통하여 영적인 방법으로 행사되기 때문입니다. 교회는 이 권세를 가지고 복음을 전파하여 사람들을 악한 영의 속박으로부터 건져내는 것을 목표로 합니다.

둘째, 사역적 권세입니다. 이는 말씀의 선포와 가르침, 성례의 시행, 교회에서 허용되어야 할 것과 허용되어서는 안 되는 것의 결정, 권징의 시행 등을 포괄합니다.

교회의 권세는 그것이 교회 내에서 실제적으로 적용될 때, 말씀을 보전하고 선포하는 교리권, 교회의 질서와 순결을 유지하기 위한 치리권, 고난과 가난과 질병 중에 있는 자들을 돌보는 사역권으로 나타나게 됩니다.

Q 교회가 가지고 있는 권세는 각각 무엇입니까?

은혜의 방편이 뭐죠?

Q 하나님의 은혜가 전달되는 도구는 무엇입니까?

은혜의 방편이란 신자들에게 하나님의 은혜가 전달되는 도구로, 이에는 말씀과 성례가 있습니다. 말씀과 성례는 인간의 죄를 제거하고 죄인을 거듭나게 하며 하나님의 형상에 맞게 새롭게 변화시키는 특별 은혜의 방편입니다. 그러나 그 자체로는 아무런 효력을 발휘하지 못합니다. **이 방편들은 성령의 효과적인 작용과 역사에 의해서만 영적인 열매를 맺을 수가 있습니다.**

Q 은혜의 방편 그 자체로는 아무런 효력을 발휘하지 못합니다. 어떻게 될 때 영적인 열매가 맺어지게 됩니까?

그리고 이 방편들은 하나님 은혜의 지속적이고 영구적인 통로입니다. 어쩌다 한 번, 또는 우연히 하나님의 은혜를 받는 통로가 아니라, 하나님의 은혜가 지속적이고 영구적으로 전달되는 통로입니다.

또한, 말씀과 성례는 참된 교회가 공적으로 제정한 방편입니다. 이 방편들을 통해 성령께서 교회 안에 역사하시어 신자들에게 믿음을 주시고, 신자들이 거듭나게 하시고, 거룩한 성화의 길을 걷도록 인도하십니다.

성경은 무엇으로 구성되어 있나요?

은혜의 방편으로서의 말씀은 성령의 영감에 의하여 기록된 하나님의 말씀, 곧 성경을 말합니다. 성경은 율법과 복음으로 구성되어 있습니다. 이는 구약과 신약의 구분이 아닙니다. 구약에도 율법과 복음이 있고, 신약에도 율법과 복음이 있습니다. 구약에서 여자의 후손(창 3:15), 아브라함의 씨(창 22:17,18), 어린 양(출 12:3), 다윗의 자손(삼하 7:12) 등은 예수 그리스도를 예표하는 대표적인 복음입니다. 한편, 신약에서도 예수님은 율법의 항구적인 가치를 가르치셨고(마 5:19), 바울의 로마서(13:9), 야고보서(2:8-11), 요한1서(5:3) 등에서 율법적인 요소를 발견할 수 있습니다.

율법은 인간의 마음속에 죄를 깨닫게 함으로써 회개를 일깨우며, 복음은 예수 그리스도를 믿는 구원의 믿음을 일깨우는 것을 목표로 합니다. 율법의 역할은 어떻게 보면 죄인들을 그리스도께 인도하는 초등교사(갈 3:24), 곧 복음의 예비 사역자라고 할 수 있습니다. 율법과 복음은 모두 죄인을 구원하고자 하는 같은 목적을 가지고 있습니다.

Q 성경은 율법과 복음으로 구성되어 있습니다. 그러면 복음은 무엇을 깨닫게 합니까?

성례가 뭐죠?

Q 예수 그리스도께서 제정하신 거룩한 예식은 무엇입니까?

은혜(恩惠)'란 하나님께서 성도들에게 베푸시는 '성령의 초자연적인 감화(感化)'입니다. 은혜의 방편이 되는 **성례 (성찬과 세례)는 예수 그리스도께서 제정하신 거룩한 예식입니다.** 이를 통해 하나님의 은혜가 전달되고, 인쳐지고, 적용되며, 신자들은 하나님에 대한 신앙과 충성심을 드러냅니다.

Q 성례를 구성하고 있는 세 가지 요소는 무엇입니까?

성례는 다음과 같은 세 가지 요소로 구성됩니다. 첫째, 눈에 보이는 외적 표징입니다. 모든 성례는 물질적 요소 (빵과 포도주, 물)와 더불어 교회의 거룩한 의식으로 거행됩니다. 둘째, **내면적인 영적 은혜입니다.** 성례는 죄 씻음과 그리스도 안에 있는 생명에의 참여라는 영적인 축복을 가시적으로 제시하는 동시에 내면 깊이 의식하게 합니다. 셋째, **성례의 외적 표징과 그 표징이 상징하는 것과의 연합입니다.** 성례를 믿음으로 받아들이면 그 표징이 의미하는 하나님의 은혜가 함께 나타나게 됩니다.

성례는 표징(상징)과 인침이며, 성령을 통해 마음속에 역사하는 은혜를 강화시키는 수단이고 하나님의 은혜를 전달하는 방편입니다.

구원을 위해 성례가 꼭 필요한가요?

성례(성찬과 세례)는 오늘날 모든 교회의 중요 예식이 되었습니다. 세례는 구원의 확증과 순종의 표시이며, 성찬은 그리스도의 십자가 사역을 기리며 신자들이 거행하는 예식입니다. 성례가 구원의 필수조건은 아닙니다. 구원의 필수조건은, "주 예수를 믿으라. 그리하면 너와 네 집이 구원을 얻으리라(행 16:31)"라는 말씀과 같이 '믿음'입니다. 그러므로 성례의 시행 없이도 구원을 받습니다. 할례(신약의 세례와 같은 의미)가 제정되기 이전(아브라함 이전)의 신자들, 십자가 우편의 강도(눅 23:39~43)는 모두 성례 없이 구원을 받았습니다. 실제로 우리도 믿음을 가진 후 성례에 참여하였습니다.

세례가 구원받는 모든 사람들에게 절대적으로 필요하다는 주장이 있습니다. 그러나 **세례는 '구원의 방편'이 아니라, '은혜의 방편'입니다.** 세례는 성령으로 죄 씻음에 대한 외적 표징이지 그 자체가 죄를 씻어주는 것은 결코 아니라는 말입니다. 그러나 주님께서 정하신 성례를 소홀히 하는 것은 영적 빈곤을 초래할 뿐 아니라 하나님께 불순종하는 것과도 같으므로 거룩하게 시행하여야 합니다.

Q 세례는 구원의 방편이 아니라 무엇의 방편입니까?

세례의 본질이 뭔가요?

Q 세례는 언제까지 시행해야 합니까?

Q 예수님께서 세례를 명하신 성경 구절을 찾아서 적어보세요(마 28:19).

세례는 예수 그리스도께서 제정하셨고 세상 끝 날까지 지속적으로 시행하라고 명하셨습니다(마 28:19). 모든 민족에게 복음을 전하고, 그리스도를 영접한 자들에게 하나님과 새로운 관계를 맺었음을 선포하고 하나님 나라의 법에 따라 살 의무가 있다는 표징과 인침의 표시로, 삼위일체 하나님의 이름으로 세례를 베풀라는 말씀입니다.

세례는 물을 매개체로 사용합니다. 침례교에서와 같이 세례 받는 사람을 완전히 침수시키는 경우도 있지만, 머리에 물을 붓거나 뿌리는 것도 정결케 함, 곧 죄 씻음이라는 세례의 본질에 따른 것입니다.

세례는 은혜의 통로로, 받는 자에게 믿음을 강화하는 유익을 줍니다. 세례는 하나님께서 주신 선물로, 이를 받은 신자는 성경 안에 있는 모든 언약의 유익을 누릴 뿐 아니라 언약에 수반되는 의무의 이행도 받아들인다는 표징입니다. 세례는 신자의 자녀에게도 베풀어지며, 일생에 한 번만 받으면 됩니다.

예수님께서는 유월절 식사 중에 십자가에서 찢기실 자신의 몸을 상징하는 떡과, 흘리실 피를 상징하는 포도주를 사용하셔서 성찬을 제정하시고 주님께서 다시 오실 때까지 이를 행하여 예수님의 희생적 죽음을 기념하고 전하라 하셨습니다(고전 11:23-26).

성찬은 첫째, **예수님의 희생적 죽으심을 기리는 의미가 있습니다.** "너희를 위하여 주는 내 몸"(눅 22:19), "많은 사람을 위하여 흘리는 바 나의 피"(마 26:28) 등은 예수님의 죽음이 자기 책성의 유익을 위한 것이고 그들을 대신한 희생적 죽음임을 의미합니다. 둘째, **신자가 예수님의 십자가 사역에 참여하는 것을 상징합니다.** 떡과 포도주를 먹고 마심으로써 예수님의 희생적 죽음에 의하여 확보된 유익을 상징적으로 내면화하는 것입니다. 셋째, **신자의 영혼에 생명과 힘과 기쁨을 주는 효과가 있습니다.** 떡과 포도주가 육신에 생명을 유지하게 하고 힘과 기쁨을 주듯이 성찬도 영적으로 그와 같은 유익을 주는 것입니다. 넷째, **신자들 간의 연합을 상징합니다.** 신자들은 함께 떡을 떼고 포도주를 마심으로 하나의 공동체로서 연합하는 것입니다.

Q 성찬이 의미하는 바를 네 가지로 요약해 보십시오.

누가 성찬에 참여할 수 있는 거죠?

성찬에 참여할 수 있는 자는 회개한 신자로서 자신의 힘으로는 도저히 구원 받을 수 없음을 기꺼이 인정하는 자, 예수님의 보혈만이 자신을 구속할 수 있다고 믿는 자이어야 합니다. 뿐만 아니라 성찬에 관하여 적절한 이해와 견해를 가지고 있어서 성찬과 일상의 식사를 구별할 수 있어야 합니다. 그리하여 성찬의 떡과 포도주가 예수님의 몸과 피의 상징이라는 것을 인식하고, 영적인 성숙과 예수님의 형상을 닮아가려는 거룩한 소원을 가져야 합니다.

Q 성찬에 참여할 수 없는 자는 누구입니까?

따라서, **신자가 아닌 사람은 성찬에** 참여할 수 없습니다. **어린아이들은** 신자의 자녀라 하더라도 성찬 참여가 허락되지 않습니다. 그들은 떡과 포도주가 예수님의 몸과 피를 상징한다는 것을 인식하지 못하기 때문입니다. **신자라 할지라도** "사람이 자기를 살피고 그 후에야 이 떡을 먹고 이 잔을 마실지니"(고전 11:28) 라는 말씀에 따라 자신의 마음의 상태, 영적인 신앙 상태, 하나님과의 관계 및 교회의 징계 등에 의해 **성찬에 참여할 자격을 상실하는 경우**도 있을 수 있습니다. 그러나 구원의 확신이 결여되어 있다고 해서 성찬에 참여할 수 없는 것은 아닙니다. 성찬은 바로 그 믿음을 강화하는 것이기도 하기 때문입니다.

제7장 종말론

볼지어다 그가 구름을 타고 오시리라 각 사람의 눈이
그를 보겠고 그를 찌른 자들도 볼 것이요 땅에 있는 모든
족속이 그로 말미암아 애곡하리니 그러하리라 아멘

요한계시록 1:7

종말론이 뭐죠?

Q 종말론의 두 가지 큰 주제는 무엇입니까?

종말론의 주제는 크게 두 가지로 개인적 종말론과 일반적 종말론입니다. 개인적 종말론은 인간의 육체적 죽음의 의미와 죄와 죽음의 관계, 부활, 천국과 지옥 등 인간이 죽음으로 그 이후 어떻게 되는지를 설명합니다. 개인의 종말은 인간의 죽음이 마지막이 아니라 생의 자연적 관계들과의 분리를 의미합니다. 특히 중요한 것은 신자의 죽음은 새로운 출발로서 하늘나라로 가는 첫 관문이며, 성화 단계의 정점이라는 점입니다.

Q 일반적 종말론에서 중요한 것은 무엇입니까?

또한 일반적 종말론에서 중요한 것은 그리스도의 재림입니다. 이에 따르는 그리스도의 재림시기와 목적을 이해하고, 최후의 심판에 대하여 설명합니다. 특히 재림의 시기에 대하여는 누구도 알 수 없다고 성경은 말합니다. 예수님께서는 재림하셔서 양과 염소를 구별하시며 심판하셔서 악인들은 영원한 지옥에, 의인은 영원한 천국으로 인도하십니다.

신실한 성도들은 마지막 심판 이후 천국에서 주님과 함께 완전하고 기쁨이 충만한 영생을 누리게 됩니다.

육체적 죽음이 의미하는 것은 뭔가요?

사람에게 죽음이 찾아오게 된 것은 아담과 하와가 하나님께 불순종의 죄를 지은 때부터입니다. 인류의 조상 아담과 하와가 하나님께서 금하신 생명나무 열매를 따먹었고, 그 결과 하나님께서 말씀하신대로 인간에게 죽음이 임하게 된 것입니다.

Q 인간이 죽게 된 원인은 무엇입니까?

그런데 성경은 인간의 죽음을 육체의 죽음과 영적인 죽음으로 분리하여 말합니다. 마태복음 10장 28절에 "몸은 죽여도 영혼은 능히 죽이지 못하는 자들을 두려워하지 말고 오직 몸과 영혼을 능히 지옥에 멸하실 수 있는 이를 두려워하라"고 기록되었고, 예수님께서도 거지 나사로와 한 부자의 비유를 통해 나사로는 죽어 천사들에게 붙들려 아브라함의 품에 들어가고 부자는 죽어 음부에 들어가 고통 중에 있게 된다고 말씀하셨습니다(눅 16: 19-28).

육체적 죽음이란 육체적 생명의 종결입니다. 이를 통해 우리의 육체는 흙으로 돌아가고, 육체에 거하던 영혼은 분리됩니다.

Q 육체적 생명이 종결되면, 영혼은 어떻게 됩니까?

성도에게 죽음이란 뭔가요?

죽음은 '죄의 삯'입니다. 그리고 그리스도께서 십자가 사역으로 성도의 죗값을 치르셨습니다. 그렇다면 "왜 하나님께서는 성도를 죽음의 고통 없이 그냥 하나님 나라로 불러들이지 아니하시는가?"하는 의문이 생깁니다.

Q 하나님께서 성도들에게 죽음을 남겨두신 이유가 무엇입니까?

하나님께서는 '죽음'을 성도의 영적 진보와 성화를 위해 남겨두셨습니다. 죽음은 성도로 하여금 겸손하게, 육체적 욕망을 억제하면서 세속적 미련을 버리고 영적으로 살도록 인도합니다. 그리스도께서 고난과 죽음의 길을 거쳐 그의 영광의 나라에 들어가셨던 것처럼 성도도 그리스도를 따라 성화를 이루며 살다가 죽음을 통해 영광의 나라에 들어가 성화를 완성하게 됩니다.

성도에게 죽음은 종말이 아니며 천국생활의 시작입니다. 죽음을 통해 죽음의 세력에서 완전히 벗어나 주님과 더불어 영원히 하나님 나라에 거하게 되는 것입니다. 그리하여 사도 바울은 '내 안에 사는 것이 그리스도니 죽는 것도 유익함이라. 내가 선한 싸움을 싸우고 나의 달려갈 길을 마치고 믿음을 지켰으니 이제 후로는 나를 위하여 의의 면류관이 준비되었다'라고 죽음에 대해 담대하였던 것입니다.

영혼이 어떻게 영원한 거죠?

태초에 하나님께서 창조하신 인간은 불멸의 존재였습니다. 그런데 아담과 하와의 죄로 인하여 인간은 영적으로는 하나님과 분리되었고(영적인 사망), 불멸성이 사라지게 되어 죽으면 육체가 흙으로 돌아가게 되었던 것입니다. 그러므로 인간의 영혼은 살아있을 때는 육체와 결합되어 있다가 죽으면 육체로부터 분리될 뿐 없어지는 것이 아닙니다.

영혼의 영원성에 대해서는 시편 16편 10절에 "이는 주께서 내 영혼을 스올에 버리지 아니하시며 주의 거룩한 자를 멸망시키지 않으실 것임이니이다"라고 기록하고 있습니다. 성경은 의인은 물론 악인의 영혼도 영원하다고 가르치고 있습니다. 악인의 영혼은 음부에서 영원한 사망에 이르는 반면, 성도의 영혼은 마지막 날에 부활한 육체와 결합하여 영광스런 존재로 변화됩니다.

성도는 예수 그리스도의 구속사역을 통해 하나님과의 관계를 완전히 회복하고 창조 당시 인간이 가지고 있었던 그 영원성을 되찾게 되는 것입니다.

Q 예수 그리스도의 구속사역으로 인해 아담의 범죄로 잃어버렸던 무엇을 되찾게 되었습니까?

의인과 악인이 죽으면 어디로 가나요?

Q 의인은 영혼이 죽는 순간 무엇을 경험하게 됩니까?

개혁교회의 교리로 채택된 웨스트민스터 신앙고백서는 **"의인의 영혼은 죽는 순간에 즉시 거룩함으로 완전케 되어 지극히 높은 천국에 들어가 거기서 빛과 영광 가운데 하나님의 얼굴을 뵈오며, 몸의 완전한 구속을 기다린다"**고 하였습니다. 성도가 죽으면 육신은 흙으로 돌아가지만 영혼은 육신과 분리되어 하나님께로 갑니다. 예수님도 회개한 강도를 향하여 "오늘 네가 나와 함께 낙원에 있으리라"(눅 23:43)고 하셨습니다.

또, 위 신앙고백서는 악인들은 죽으면 "지옥에 던지어져 거기서 고통과 칠흑 같은 어둠 가운데 지내며, 마지막 날에 심판을 기다리게 되어 있다"고 하였습니다. 누가복음의 부자와 거지의 비유에서 부자가 머무는 '하데스'는 영원한 고통의 장소인 지옥을 의미합니다.

인간은 죽음과 동시에 의인은 낙원, 악인들은 음부에 들어가게 되는 것입니다.

사람들은 부활에 대해 무엇이라고 말했나요?

바리새인들은 부활을 믿었고, 사두개인들은 믿지 않았습니다(행 23:8, 마 22:23). 사도 바울이 부활에 대해 전했을 때 아덴 사람들은 조롱하였고(행 17:32), 고린도 교회에서도 일부는 부활을 믿지 못했습니다(고전 15:12). 초대교회의 영지주의자들은 부활을 부인하였습니다. 반면, 초대 교부들은 생전의 육체와 부활의 육체가 동일함을 강조하였으며 이를 사도신경으로 고백하게 하였습니다. 종교 개혁기 개혁자들은 대부분 부활한 몸은 생전의 몸과 같다는 것에 동의하고, **부활은 그리스도의 재림, 세상의 종말, 최후의 심판과 함께 일어날 것이라고 하였습니다.**

Q 부활은 무엇과 함께 일어납니까?

현대에 이르러 자연과학의 발달로 부활 교리에 의문이 많아지면서 자유주의 신학자들은 모든 것을 이성과 합리주의의 틀 안에서 해석하여 몸의 부활을 부인합니다. 그들은 '성경에 나타난 육체적 부활의 표현은 현재의 충만한 인간성이 영적으로 지속된다는 상징적 비유에 불과하다'라고 주장합니다. 그러나 성경은 "나팔 소리가 나매 죽은 자들이 썩지 아니할 것으로 다시 살아나고 우리도 변화되리라. 이 썩을 것이 반드시 썩지 아니할 것을 입겠고 이 죽을 것이 죽지 아니함을 입으리로다"(고전 15:52~53)라고 우리가 함께 부활할 것을 분명하게 말씀하고 있습니다.

성경은 부활에 대해 어떻게 말씀하고 있나요?

구약에서 선지자시대 이전에는 부활에 대한 분명한 진술을 찾기 힘듭니다. 그러나 '나는 네 조상의 하나님이니 아브라함의 하나님, 이삭의 하나님, 야곱의 하나님이니라'(출 3:6)는 말씀에 부활이 암시되어 있습니다. 예수님도 부활을 믿지 않는 유대인들을 향하여 이 말씀을 인용하시며 너희들이 성경과 하나님의 능력을 알지 못하여 오해하였다고 말씀하십니다. 족장시대에 대해서는 히브리서 기자가 아브라함과 사라를 비롯하여 족장들이 하늘에 있는 본향을 사모하고 돌아갈 기회를 찾은 것은 부활에 대해 알고 있었으며 부활을 기대하고 살았음을 밝히고 있습니다. **부활은 창조 전부터 하나님의 뜻과 계획 가운데 있었던 것입니다.**

Q 부활은 언제부터 하나님의 뜻과 계획 가운데 있었습니까?

신약은 죽은 자의 부활에 대하여 분명하게 기록하고 있습니다. 고린도전서 15장에서, 아담 안에서 모든 사람이 죽은 것 같이 그리스도 안에서 모든 사람이 생명을 얻었으며, 예수 그리스도께서 죽은 자 가운데서 다시 살아나심으로 잠자는 자들의 첫 열매가 되셨다고 말씀하십니다.

하나님께서는 그리스도를 죽음에서 살리신 것처럼 죽었던 우리를 다시 살리실 것이며, 예수님께서는 자신의 부활로 우리들의 부활의 첫 열매가 되어주셨습니다.

재림의 징조는 뭐죠?

예수님 자신이 다시 오실 것에 대하여 여러 번 말씀하셨고
(마 24:30; 요 14:3), 예수님께서 승천하실 때 천사들도 그
재림을 예고하였습니다(행 1:11). 그런데 재림 전에 일어
날 몇 가지 사건들이 성경에 기록되어 있습니다.

첫째, **복음이 온 세상에 전파됩니다**(마 24:14; 막 13:10).
이는 예수님의 지상명령이 이 세상 모든 나라, 모든 민족
을 대상으로 이루어지고, 그 중에 주를 따르는 자들이 나
와야 함을 의미합니다(마 8:11; 눅 2:32; 행 15:14). 둘째, **이
스라엘이 예수 그리스도를 받아들이고 회심합니다.** 셋째,
적그리스도가 출현합니다. 적그리스도란 하나님에 대적
하여 자신을 하나님의 위치에 올려놓는 불법자입니다. 마
지막으로 **표적과 기사입니다.** 곳곳에 전쟁, 기근, 재난이
있고 거짓 선지자가 나타납니다.

예수님께서는 "너희도 이 모든 일을 보거든 인자가 가
까이 곧 문 앞에 이른 줄 알라"(마 24:33)고 하셨습니다.
성도는 늘 깨어서 재림을 기다리는 하루하루를 살아가야
할 것입니다.

Q 그리스도의 재림의 징표는
구체적으로 무엇입니까?

Q 주님이 다시 오실 날을 인간이 알 수 있습니까?

우리는 주님께서 언제 다시 오실지 알 수 없습니다. 우리가 말할 수 있는 재림의 시기는 이 세상 마지막 날이란 것입니다. 하나님 편에서 볼 때 천 년이 하루 같아서 주의 오심은 늘 가까이 있습니다. 성경은 예수님의 재림의 때는 알 수 없고 갑작스럽게 찾아와 사람들은 놀라게 될 것이라고 말하고 있습니다(마 24:37-44, 막 13:33-37, 계 3:3). 그러나 믿음으로 의롭게 된 성도에게 예수님의 재림은 놀라운 일이 아니고 축복의 때가 될 것입니다. 주님께서는 재림하실 때 초림 때와는 달리 영광의 몸으로 왕의 옷을 입고 천사들과 함께 오실 것입니다(히 9:28, 살후 1:7).

Q 주님께서 재림하시면 세상은 어떻게 됩니까?

예수님은 영생을 주시기 위해, 부활과 마지막 심판을 위해 다시 오십니다. **성경은 주님의 재림, 이 세상의 종말, 죽은 자의 부활과 마지막 심판이 동시에 이루어질 것이라고 기록하고 있습니다.** 그 때 하나님 나라의 모든 적대 세력이 파멸하고, 온전한 하나님의 나라가 이루어질 것입니다.

과연 최후의 심판은 있을까요?

사도신경의 "산 자와 죽은 자를 심판하러 오시리라"는 구절은 최후의 심판을 명시한 것입니다. 초대교회부터 하나님의 심판은 부활과 연계하는 것이 지배적이었고, 죽은 자들도 육신을 가지고 살 때 각자가 행한 일들에 따라 심판을 받기 위해 부활할 것을 믿었습니다.

그러나 자유주의 신학자들은 하나님의 심판은 현재 인간의 삶 가운데 영속적으로 진행되는 것이라고 주장합니다. 심판의 현재성을 주장한 그들은 최후의 심판에 대해 부정적입니다. 또 최후의 심판을 행위에 대한 심판이 아니라 내면의 삶과 양심에 대한 심판이라고 주장합니다. 예수님께서 첫 번째 재림하실 때 심판이 있고, 7년 대환난 후 또 한 번의 심판이 있다고 주장하는 사람들도 있습니다.

개신교에서는 이 세상의 마지막 날에 최후의 심판이 있을 것을 신앙고백서에서 확실하게 밝히고 있을 뿐 그 이상 구체적인 설명을 하지 않습니다. **최후의 심판에 대하여 우리는 성경과 신앙고백서에 기록된 말씀을 믿고 불필요한 논쟁을 피하는 것이 좋습니다.**

Q 최후의 심판에 대해 우리는 어떤 태도를 가지는 것이 좋을까요?

최후의 심판을 받는 자는 누구일까요?

Q 최후의 심판자는 누구입니까?

최후의 심판자는 예수님이십니다. 심판의 권세가 예수님께 주어졌으며(요 5:27), 예수님께서는 천사들과 함께 오셔서 양과 염소를 분별하는 것 같이 판결하실 것입니다 (마 25:31~33).

Q 심판의 대상은 누구입니까?

심판의 대상은 모든 사람들과 타락한 천사들, 그리고 귀신들입니다. 사람은 물론 천사도 심판의 대상입니다. 베드로 사도는 하나님께서 범죄한 천사들을 용서하지 아니하시고 지옥에 던져 어두운 구덩이에 두어 심판 때까지 지키게 하셨다고 기록하고 있습니다(벧후 2:4). 귀신들도 때가 이르면 심판을 받게 됩니다. 예수님께서 가다라 지방을 지나시다 두 귀신을 돼지 떼에 들여보내 바다에 빠지게 하시는데, 이 때 귀신들이 '때가 이르기 전에 우리를 괴롭게 하려고 여기 오셨나이까?'라고 항변합니다(마 8:28~32). 여기서 '때'란 '심판의 때'입니다.

혹시 믿는 사람들은 심판대 앞에 서지 않을 것이라고 생각하는 분이 있습니까? 그러나 성경은 그리스도의 보혈로 용서 받고 구원을 이룬 성도들도 마지막 심판의 날에 주님 앞에 서게 된다고 로마서 2장 16절에 분명하게 기록하고 있습니다.

성경은 천국과 지옥에 대해 어떻게 말하고 있나요?

심판 이후 악인들은 지옥에서 영원한 형벌에 처해지고 의인들은 천국에서 하나님과 함께 영생하게 됩니다. 일부 이단 종파에서는 악인들은 영과 육이 모두 없어지고 의인들만 살아남게 된다고 주장합니다. 그러므로 그들은 지옥이 존재하지 않는다고 말합니다. 그러나 성경은 지옥 불, 풀무 불, 불 못, 무저갱 등으로 악인들이 최후에 가게 될 곳인 지옥에 대해서 말씀하고 있습니다. 또한 악인들이 형벌을 받는 기간에 대해서도 영원성을 부인하는 자들이 많습니다. 그러나 성경은 지옥불은 꺼지지 않는 불로 거기는 구더기도 죽지 않는다고 지옥의 영원성에 대해 증언하고 있습니다(막 9:48).

Q 심판 이후 악인과 의인은 각각 어떻게 됩니까?

반면, 의인들은 천국에서 주님과 함께 영원한 삶과 기쁨을 누립니다. 천국은 요한이 환상 중에 보았던 새 하늘과 새 땅이며, '예수님께서 보좌에 앉으신 새로운 세상'(마 19:28)입니다. 천국을 장소가 아닌 주님과 함께하는 하나의 상태라고 주장하는 이가 있지만, 성경은 천국을 우리 아버지의 집으로 하나의 장소임을 밝히고 있습니다.

신실한 성도들은 마지막 심판 이후 천국에서 주님과 함께 완전하고 기쁨이 충만한 영생을 누리게 됩니다.

문제 정답

1장 서론 정답

20쪽 교리 / 조직신학(교의학)

21쪽 하나님과의 의식적이고 자발적인 영적교제로서 전체적인 삶에 나타나는 예배행위

22쪽 오직 구원받은 영적인 사람들

23쪽 하나님 자신

24쪽 성경 / 선택한 백성들을 구속하기 위하여

25쪽 자신과 자신의 뜻 / 예수 그리스도

26쪽 성경

27쪽 유기적 영감과 축자적 영감에 의해서 기록되었다.

28쪽 절대적인 신적 권위

29쪽 구원을 찾는 사람들이 성령의 인도를 따라 성경을 읽고 연구하면 알 수 있다 / 성경

2장 신론 정답

32쪽 하나님의 속성과 사역 그리고 삼위일체, 예정과 섭리 등

33쪽 증명할 수 없다 / 자연, 양심, 세상의 통치

34쪽 불가능한 일이다 / 완전한 영, 순결한 영, 인격적, 무한히 완전하심, 스스로 존재하시는 분

35쪽 여호와(야훼), 엘로힘, 아도나이 / 데오스, 퀴리오스, 아버지

36쪽 스스로 영원한 생각 속에 존재하는 절대적이고 완전한 지식 / 겉모습뿐만 아니라 마음 깊은 곳

37쪽 하나님의 속성 / 비공유적 속성, 공유적 속성

38쪽 제한이 없으시다 / 제한이 없고, 공간을 초월하여 전 우주에 동시에 계실 수 있다.

39쪽 시간의 한계 / 하나님의 영원성과 불변성

40쪽 피조물의 수준에 맞추기 위해 / 변할 수 없다.

41쪽 상, 형벌 / 예수님

42쪽 하나님 자신의 뜻과 계획, 형상이 담겨있기 때문 / 은혜, 자비

43쪽 받을 자격이 없는 자들에게 선물로 주어지는 것 / 예수님을 보내주셔서 구원의 길을 열어 주신 것

44쪽 용서해야 할 대상, 도움이 필요한 대상

3장 인간론 정답

에서 흘리신 피가 보증이기 때문
74쪽 그리스도가 하나님과 죄인인 인간 사이의 화평을 회복하는 일에 전권을 위임 받아 필요한 모든 일을 수행하시는 것 / 그리스도인들의 구원은 예수님의 중보사역으로 말미암기 때문

4장 기독론 정답

죽음에 내어 주셨다는 것은 단지 그의 사랑의 원리만으로는 설명될 수 없기 때문

95쪽 완전함을 요구함 / 각자 성경을 읽고 묵상하기

96쪽 그 자신의 죄가 아닌 인간의 죄로 인한 대리적인 것 / 우리의 죄악의 본성조차 이전된다는 뜻이 아니라 인간의 죄와 죄책이 예수님께 이전되었다는 의미이다.

97쪽 동의한다. 무한하신 하나님의 아들이신 그리스도가 이루신 구원이기 때문이다. / 옛사람이 점진적으로 쇠하고 점차 그리스도를 닮아가는 성화된 삶을 살아가게 된다.

98쪽 그리스도께서는 실제로 그리고 확실히 선택받은 사람들만을 구원하시기 위하여 죽으셨다. / 각자 성경을 찾아 읽고 확인하기

5장 구원론 정답

102쪽 성령론 / 성령님께서 인간의 구원의 여정을 이끌며 인도하시기 때문이다.

103쪽 보혜사 / 성령님

104쪽 창조사역은 성부 하나님, 구속사역은 성자 하나님 그리고 구원의 적용과 성화는 성령 하나님을 통해 이루신다. / 성령님

105쪽 개인주의와 기복주의에 머물고, 사명자로서의 전도와 선교 그리고 사회를 변화시키는 삶은 소홀히 하게 된다.

106쪽 죄인들에게 그리스도의 구원이 적용되는 과정에서 인간의 행위가 아니라 성령님께

서 무엇을 행하시는가 하는 것이다.

107쪽 인간이 성령의 영향 아래 새로운 영적 생명을 부여받는 것으로 인간 안에 새 생명을 주시는 하나님의 은혜로우신 역사하심이다. / 우리의 죄성은 여전히 살아있다.

108쪽 하나님의 계획(작정) / 인간의 의식 속

109쪽 과거의 잘못된 것을 후회하고, 보다 개선된 방향으로 나아가게 한다.

110쪽 하나님께 돌아오게 함 / 잘못된 삶의 과정을 수정하고 하나님께 나아감

111쪽 하나님과의 인격적인 관계 / 하나님의 약속

112쪽 성경의 진리 / 성령에 의해 주어지는 하나님의 은혜

113쪽 어떤 사람을 의롭다고 선언하다.

114쪽 그리스도의 십자가의 공로

115쪽 성령

116쪽 옛사람인 죄의 몸에서 인간 본성인 부패와 타락이 점진적으로 제거된다. / 하나님의 새로운 가치관

117쪽 믿음

118쪽 감사의 표현이며 믿음의 열매

119쪽 성령의 지속적인 사역

6장 교회론 정답

122쪽 이스라엘의 회중 또는 하나님의 부르심을 받은 회중 / 말씀, 성례, 권징

123쪽 예수님을 그리스도로 고백하는 신앙 공동체 / 우주적인 무형교회

7장 종말론 정답